大展好書　好書大展
品嘗好書　冠群可期

大展好書　好書大展
品嘗好書　冠群可期

武學釋典：23

微言大義
太極拳解秘譜匯宗

何欣委　編著

大展出版社有限公司

一代宗師張三豐先生自畫像

王宗岳太極拳論　能附小傳　蓋五家

郝和珍藏

郝和珍藏本

珍藏本

老三和

《郝氏太極拳譜》

郝氏太極拳譜
目錄
一、山右王宗岳太極拳論
二、十三勢架
三、身法
四、刀法
五、槍法

丙午年
廣平馬兄筆

《永年太極拳譜》

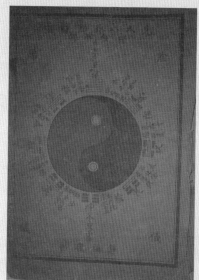

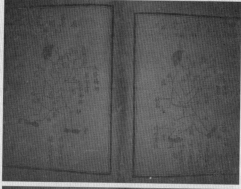

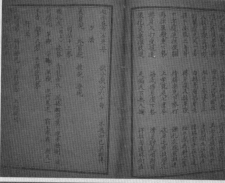

馮超如手抄李亦畬老三本拳譜

手抄拳譜《太極拳述要》

把致家珍云　先生實材通甲冑
楊班侯拇兩手持長見目先綱，勁
勁肉希深沉不支，能為其肆寬為
譬資學楊健侯時政甫俳診語中日嘗術
一用由楊健侯先生言素授健侯三岩出
一角由楊……寫，為海內太極拳

五室　光生陸聽松一見即通其志
團扶愛而特徊相名相隨耳提
而旨巳拉其拳旅八軍宿族楊志
授訓昆潤師矛蓋相區而技要遠
日逢徽妙甚追隨歲廣前後八九
稔貫玉帥起而向改主氏紀十三年

太極拳用法八字秘訣
掤、引、鬆、放、敷、蓋、對、吞。
練功必要
內三合
心與意合、意與氣合、氣與力合。

腐興將合時興躁合、手興足合、又字拳
肘與膝、肩與胯、手興足、上下九節勁。
分明勞知晚、孩与漲氣、出心身心。
筋靜与漲、虛實与定、身動与中意掤
周祥即有動、周達市而窗、內室師
肩虛、肩進市有達、有上市有下焉

弓前後伸　4 左右踢腳
第六段
1 左右金雞　無右左蹬腳
弓左右偏踩　止左右探邊

楊氏太極各式名術
一段　右極式　掤崔尾
單邊　提手上勢
白鶴亮翅　摟膝拗步
手揮琵琶勢　摟膝拗步

楊氏太極功
第一節　上段部
第一段
1 進手　扎推掌
弓雲子　扎單撐
第二段

民國三十五年國曆九月十六日兩道人撰
言修己

武匯川版《太極拳譜》

太極拳譜

北平武匯川先生校閱

上海匯川太極拳社出版

打手歌

掤攦擠按須認真，上下相隨人難進，任他巨力來打我，牽動四兩撥千斤，引進落空合即出，沾連黏隨不丟頂。

又曰：彼不動，己不動，彼微動，己先動。勁似鬆非鬆，將展未展，勁斷意不斷。

又曰：太極長拳者，無窮無化之謂也。往復須有摺疊，進退須有轉換。

楊澄甫君先生諭

掤攦擠按，採挒肘靠，此八卦也。

搬攔捶，輕如車輪。

太極拳譜

六

掤，勁如何解。

我搌他肘腕，他上我掤。

攦，勁如何解。引導使之前，順其來勢力，輕靈不丟頂，引之使延長，使彼落空，

擠，手搭至肘式，左棚攦擠按，左摟膝拗步，右摟膝拗步，手揮琵琶式，左搬攔捶，如封似閉，十字手，抱虎歸山，攬雀尾，斜單鞭，肘底看捶，倒攆猴，斜飛式，提手上式，白鶴亮翅，左摟膝拗步，海底針，扇通背，轉身撇身捶，上步搬攔捶，上步攬雀尾，單鞭，雲手，單

太極拳譜

八

按，有左印右印。如意要向下意，若將物掀起而加以挫

之意，斯其根自斷。虛之意，乃攻擊之術也。採挒肘靠，

有一處實，處處皆有一虛一實，周身節節貫串，勿令絲毫間斷

耳。

按拳者，始長江大海，滔滔不絕者，十三勢者，掤攦擠按採挒肘靠，此八卦也。進步退步左顧右盼中定，此五行也。周前兩肩

如乾坤坎離四正方位也，採挒肘靠，即巽震兌艮四斜角也，進退顧

盼定，即金木水火土也。

太極者，無極而生，動靜之機，陰陽之母也。動之則分，靜之則

太極拳譜

二

掤，斜飛式，提手上式，白鶴亮翅，左摟膝拗步，海底珍，扇通

背，轉身白蛇吐信，上步搬攔捶，撇身捶，翻身二起腳，左右披身伏虎，

左右分腳，轉身蹬腳，進步栽捶，翻身撇身捶，反身二起腳，披身踢腳，

蹬腳，轉身蹬腳，進步搬攔捶，如封似閉，

轉身撇身捶，上步搬攔捶，右蹬腳，左打虎式，右打虎式，回身右蹬腳，雙峰貫耳，披身踢腳，轉身蹬腳，上步搬攔捶，如封似閉，

十字手，合太極，

太極實利式，白鶴亮翅，左摟膝

二起腳，大蹬星，金雞獨立，左摟膝

入腹，攬雀尾單鞭，左右摟膝拗步，右蹬腳，

風，彎弓射虎，扇通背，倒攆猴，十字手，合太極，風捲

太極拳譜

一一

《李氏太極拳譜》

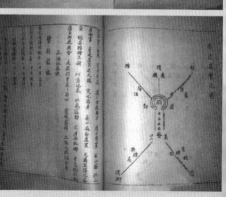

序

太極拳為中國最為著名的內家拳之一，具有極好的養生與技擊效果。其既是拳術，又是道功，歷來為武術愛好者、文人乃至道門中人所喜愛，時至今日，更成為大眾養生健身之法寶。

太極拳源自太上玄門，肇始於三豐祖師，流傳於陳家溝，後經楊露禪宗師弘揚於京師，始廣為世人所知。其後再經武禹襄、李亦畬二位宗師發明理法，可謂圓滿無暇。

太極拳傳承至今，已有數百年之歷史。在漫長的傳承發展過程中，形成了陳、楊、武、吳、孫、趙堡等眾多流派，其派別、架式雖然眾多，但莫不遵循「以柔克剛、運柔成剛」之理，這其中太極拳論的導向作用是顯而易見的。

試觀各派太極，從其淵源流別上可以看出太極拳的形成、演化過程。陳式太極是較為古老的一個流派，依然保存著大量少林和長拳的影子，比如震腳、跌叉、躥蹦跳躍等，體現了中國武術由外家向內家的過渡狀態。這是太極拳形成和發展的第一個里程碑。

楊式太極拳，源於陳式太極，經過三代人的傳承、定架，形成了注重鬆沉、舒展、綿柔的特點，其行功平緩、勻速，勁力如綿裏裹鐵，且剔除了跳躍、震腳等外形較為剛猛的動作，改大槍架為虛實相間的虛步與弓步，邁步如貓行，可謂太極拳發展的第二個里程碑。

　　武式太極拳，則素以法度嚴謹、架式小巧、轉換靈活、外小內大著稱，較之各家太極，更注重理論之參究，例如傳世之《十三式行功要解》《太極拳解》《十三勢行功心解》《五字訣》《撒放秘訣》等，皆出自武、李之手。武式太極對於太極拳理法之完備，可謂厥功甚偉，是太極拳發展的第三個里程碑。

　　其後，再由楊式太極演化出偏於柔化的吳式太極拳，由武式太極拳演化出融太極、八卦、形意為一體的孫式太極拳，太極大家庭可謂百花齊放，百家爭鳴。

　　在太極拳數百年的演變中，各派歷代宗師留下了豐富的拳理拳論著作，其文約、其義深，且多為經驗之談，可謂研習太極之寶貴教程。然各家拳論歷來散見於各類書籍而少見滙集，實不便太極修行者查閱、研修。

　　今有武式太極拳葛順成一脈之門人何君欣委，匠心獨具，以大願力，歷經數載，收集太極各派之拳理、拳論善本、古本，復歷數月之善巧滙集、嚴謹校對，修正其中舛誤，始成今日之《太極拳經秘譜匯宗》《太極拳論秘譜匯宗》和《太極拳解秘譜匯宗》三部曲。此三部曲，可謂將民國至新中國建國以前之各派拳論著作收羅殆盡，堪為太極拳之百科辭典。

　　何君欣委，治學嚴謹，其於道學、佛學乃至易筋洗髓經皆有較深研究，此次滙總之歷代《太極拳經、論、解秘譜匯宗》，則更顯其修為。此三部曲，既可作為太極愛好者練習之理論依據，又可成為太極研究者收藏研究之寶貴資料。是書之出，或可成為太極愛好者人手一本之必備參

考書。

　最後，希望此三部鴻篇巨著能為廣大太極愛好者帶來幫助，為太極拳界添一異彩。是為序。

、

武式太極拳第六代傳人
程氏八卦掌第七代傳人　　楊光（理蹟）
全真龍門伍柳仙宗傳人

自序一

　　術可傳乎，必得之於明師，身教言傳，庶幾可得其真意。藝可成乎，必勤於苦練，方可如春起之苗，未見其增，日有所長。道可證乎，必印之於先賢，按圖索驥，理法方可通融無礙，不至於趨入旁徑。

　　太極拳者，體陰陽，運五行，察八卦，順乎自然之理，合乎虛無之妙，後天逆運，返乎先天之神技也。歷來皆口授身教，罕有文字問世。竊察其因，則有二端：其一，歷來習武者少能通文，是以雖心中默識，下筆則難以成文，故無法言其精微，此其一也；另古人保守，惜藝如金，拳論乃先賢畢生之心得，非遇載道之器則不輕易示人，知音者稀，自然傳之不廣，此其二也。

　　如是者，斯技拳論歷來皆罕有傳播者，及至武派太極開山祖師武禹襄先生將得之河北永年鹽店之王宗岳拳論公之於世，方是太極拳有系統文字之始，亦造就了太極拳別開生面之春。

　　考武禹襄宗師乃學富五車之飽學之士，喜文更好武，先得趙堡陳清萍授以真訣，同時又參以王宗岳拳論遺文，潛心默識，孜孜以求，精研斯技，融而化之，功夫遂臻入化境，終成一代太極宗師。是以效仿先賢，將一生精研之心得撰以成文，流傳後世，可謂厥功至偉也。後習太極者，不論門派，均將其拳論奉為主旨，研而習之，寶而珍之。宗師後傳之李亦畬、李啟軒諸公則接續其道脈，進一

步對拳論擴而充之，增演妙諦，以廣流傳。而其他各流派宗師亦多有拳論傳世，殫精竭慮，闡述斯技之精微，各有得力，功莫大焉。

拳論乃前輩先賢一生體悟之結晶，歷代宗師結集時無不精益求精，字字珠璣，點滴均從身體力行中感悟而來，可謂慎重至極，無一浮詞，是以一字不可妄加，一字不可妄改。吾遍觀坊間諸譜，亥豕魯魚，錯訛百出者有之，次第顛倒者有之，胡亂竄改者有之，是以碎金珠玉難成牟尼寶珠一串。殊不知，技藝之精微妙義，差之雖毫釐，失之已千里，可不謹而慎乎？

無奈年代久遠，原傳譜文在歷代傳抄授受中均有散失，欲求其正，何其難也。但若順其自然，長此下去，歷代先賢凝聚心血之精論，必將愈傳愈歧，最終會流散於無，誠可惜也。

有鑒於此，愚不懼資質魯鈍，廣搜各派秘譜，並參以坊間流傳之較精版本，相互比對參照，改其錯訛，釐其次第，經數月精校，終至雅而可觀，特結集成冊，出版印行，以永流傳。得斯譜加以勤學善悟，則如有祖師親授，按圖索驥，潛心默識，理法並舉，日久功深則必臻大成，斯不負歷代宗師之拳拳苦心於萬一。是為序。

武式太極拳第六代傳人
達摩易筋洗髓經內功傳人　　何欣委

自 序 二

　　歷時三年，此套太極拳經、論、解叢書終至滙集成冊，蔚然可觀，作為一個太極拳的傳承者和習練者，想到能為太極拳的發展做出自己力所能及的微薄貢獻，心中甚感欣慰。

　　中華武術，博大精深，門派林立，各有千秋，武林中人對本門功法大多皆諱莫若深，秘而不宣，但隨著時代的進步、資訊的發達，人們的保守意識也已逐步放開，很多以前只在門內秘傳的拳論，如今則大多得以公開流傳於世，此乃思想進步之徵也，更是太極拳發展之大幸也。

　　傳統文化的傳承最貴得真，最宜廣傳，而一門武學精髓的體現主要就是其核心指導思想，用現代的話來說，也就是武學的DNA，這也是作為一門武學的最核心特質。而保持DNA的純正，須具備正知、正見、正信，也只有在這個大前提下所產生的理論方可稱其為正論，也就是所謂的拳論。

　　拳論，是一個拳種的理論指導核心，因其立意於實用，立言於心得，是以皆言簡意賅，不尚浮誇；而其內容則微言大義，無一浮詞，皆自身體力行中感悟而來，其對後學之指導作用則更非淺鮮，頗類禪宗之當頭棒喝，具有明心見性之功效，所謂得其一而萬事畢也。精研拳論，身體力行，日久功深，則頓悟全旨，而收事半功倍之效，自不易誤入旁徑，此即謂得其真傳正法也。

太極拳作為一門特別注重理論參究的拳種，其理法基礎根植於我國傳統文化的沃土，契合傳統文化中的天人合一、陰陽、五行思想，特別和道家思想有很深的淵源，其內涵豐富、深遠、博大，涉及到傳統哲學、心理學、生理學、力學、醫學、運動生理學、物理力學等學科。

由於其理法過於細膩精微，學人初次接觸則多有高山仰止之感，所以一直以來太極拳都是非常難學的一個拳種，既需要明師指點妙竅，同時還須具有極高的悟性，再加以勤學善思、潛心揣摩，朝夕悟於心、體於身，行持無間，體用俱化方可克臻大成，殊為不易。

而筆者則認為，其難學之處，主要在於觀念，而非拳術本身。蓋因其拳理多與人慣有之思維行為相左，如「捨己從人」「以弱勝強」「無中生有」「無為而為」「隨人不隨己」「柔軟勝堅剛」等理論，初看多覺矛盾重重，不知所云，對於人們已建立的知識參照系來說，是一個具顛覆性的理念衝擊和全新的身心體驗，所以很難讓學人一學即曉，當下即悟。

此外，太極拳作為中華文化之瑰寶，其理法則完全體現了中華文化之內涵，其與道家文化水乳交融，與《道德經》以及一些佛家經典亦多有相契，因此對於學人的傳統文化修養要求較高，此亦其難學之處也。

對於廣大學習太極拳的學者來說，要想體悟太極拳之真意，必須要特別重視理論之參究，習拳即是悟道的過程，思想的超脫和轉換非常重要，只有悟道與學拳並舉，方可事半而功倍。所以在習練太極拳時，自身觀念的轉

變，以及對自我的揚棄，思想認識的再造和昇華，身、心、靈的蛻變和轉換，精、氣、神的凝聚和收放，內心的歷練和成熟，均是每日修練之功。可以說習練太極拳就是一個自我身心的再造工程，而太極拳之所以為世人所喜愛，其魅力亦在於斯。既如此，其歷代先賢用心血經驗凝煉之精論，豈可忽哉？豈可不參哉？

縱觀我們身邊的太極拳練習者，很多人都是捧著似是而非的理論，或是混合著外家拳的觀念來習練內家拳，看著外形雖然是太極，而其路數則完全與太極毫無關涉；我們再看看各類太極拳的交流活動中，很多習練者所謂的推手，看起來簡直可以說是摔跤不像摔跤，柔道不像柔道，一個個如頂牛式的對抗拉扯，哪裏還能看到一點點太極拳應有的的「沾、黏、連、隨」「引進落空」「四兩撥千斤」這些特質？所看到的都是「頂、匾、丟、抗」「斷、接、俯、仰」，舉動間更是毫無太極之拳意，一門技藝，若其理法不正，則失之真傳亦已遠矣。

筆者目鑒於此，實感憂慮，若長此下去，太極拳這一門精妙的武技也必將會隨著時間的推移而名存實亡。誠然，造成這些情況的原因很多，但我想主要還是因為隨著如今社會經濟的高度發展，人們生活節奏的加快，人心亦大多趨於浮躁，很少有人能夠沉下心來、平心靜氣地去參究拳論，體悟拳理故不能領受祖師之教義，而迷失本真，失其根本而流於枝葉，以致於造成如今太極拳發展之種種現象。正所謂「操練不按體中用，修到終期藝難精」，「武藝雖精竅不真，費盡心機枉勞神」。內家拳首重理法，理

法不明，則練拳必然走偏，所謂差之雖毫釐，謬之已千里萬里矣。

所以，此套太極拳經、論、解叢書的出版，可以在很大程度上使這些問題得到有效的解決。讀者只要能悉心研究和體認先賢之精論，悟於心，體於身，則如有祖師親授而收事半功倍之效，從而能夠更好地領會到太極拳之真傳妙諦，扶危救偏，樹立正信、正知、正見。

我們有理由相信，此套太極拳經、論、解叢書的出版，對於太極拳的傳承和發展都將會起到積極的促進作用，而太極拳這一凝聚歷代宗師智慧和心血的優秀的拳種，也必將隨著人們對先賢拳論、拳經的重視和研究而重放異彩，繼而發揚光大，使太極拳這一精微妙技，在新的歷史發展時期，煥發出勃勃的生機，從而更好地為習練者的健康服務，造福於全人類，光耀於全世界。

武式太極拳第六代傳人
達摩易筋洗髓經內功傳人　　何欣委

內 容 簡 介

　　本套叢書共三本，分為經、論、解三編，分別是《妙諦傳心——太極拳經秘譜匯宗》《神運無方——太極拳論秘譜匯宗》《微言大義——太極拳解秘譜匯宗》。

○ 經

　　所謂經，路徑也、方法也，規矩準繩也。此編主要匯集了太極拳歷代宗師所傳承授受之口訣秘譜，其內容大多言簡意賅，而其意蘊則微言大義，理法兼備；斯編廣納博收，抉微索引，所集內容之廣，前所未有。

　　此編命名為《妙諦傳心——太極拳經秘譜匯宗》。

○ 論

　　所謂論，論述也、闡發也，引申也。此編主要收錄了各派名家對太極拳之理法、體用所闡發的論述，這些精闢的論述均自實證實修、身體力行而來，乃歷代宗師一生經驗之結晶，可謂是字字千金，彌足珍貴；這些太極拳精論，對於廣大的太極拳愛好者來說，必將有醍醐灌頂、提攜引路之真實妙用。

　　此編命名為《神運無方——太極拳論秘譜匯宗》。

○ 解

　　所謂解，分解也、釋義也，乃先賢對拳經之解悟也。

歷代傳承之拳經、拳論，大多皆言簡意賅、直指真詮，其中之微言大義不經解釋，後學難明；但未經證悟，所解又未必得真，很多時候僅從文字義來理解，不一定即是太極之真意。本編滙集之拳經論解，皆是歷代公認之太極拳宗師所闡述，以求其符合正知、正見、正論之訴求。

此編命名為《微言大義——太極拳解秘譜匯宗》。

意　義

○ 理法共參

該套太極拳經、論、解匯集，三編一體，層層遞進，從點、線、面、體，多角度，分層次立體來解構太極拳的核心修練秘旨，使太極拳之理、法、訣、用，皆可由本套叢書得以全景式的立體呈現，從而還原太極拳之本來面目；使廣大太極拳愛好者，有理可循，有法可依，有據可查，在日常練習中不至於蒙昧無依，趨入旁徑。

另外，此經、論、解三編，雖為一體，但各有側重，分別從不同角度深入剖析太極拳之理法、練法、修法，使之顯明而直指，澈見其本體。同時，將各派先賢之拳論匯集一編，亦可供讀者逐一進行比對研究，互參互證，使太極拳之核心內涵更加見幽顯微、透徹明晰，可謂是法訣俱全，真機畢現，實乃日常必備之資料，堪為習拳悟道之圭旨。

○ 挽救資料

此套太極拳經、論、解叢書，抉微索隱，勾沉起軼，將散在各個論著裏的歷代太極拳宗師拳論均進行了細緻入微的整理分類，匯集為三冊；透過條分縷析的分類匯集整理，使歷代先賢之拳論資料得以眉目分明，理法兼備，顯明而直指，讀者無論是查閱檢索抑或是研究參悟，均可展

卷而盡覽，一目而了然。

其次，從保護傳統文化的角度來講，此經、論、解三編將歷代宗師之拳論整理匯集成冊，可以在很大程度上有效地挽救和保存歷史資料，使這些珍貴的太極拳文字資料不至於隨著時間的久遠而散失，這也是太極拳在傳承發展過程中非常迫切的一件現實工作。

所以，整理和匯集前賢之精論，對於太極拳文字資料的歷史留存，刻不容緩，意義重大。

結 語

　　中華武術，博大精深，源遠流長，雖門派各別，但均各有得力。而太極拳作為一門內外兼修、煉養結合的優秀拳種，其拳理根植於我國傳統文化的沃土，伴隨著歷代前賢的傳承發揚，業已成為我國傳統文化的重要組成部分，一直以來都深受各界人士所推崇和喜愛。其影響力之巨，適應人群之眾，傳播範圍之廣，可謂古今罕見，如今更是作為中華傳統武術的代表拳種，早已走出國門，廣泛傳播於世界各地。

　　縱觀歷史，任何一個拳種，能夠經受住歲月的洗禮而流傳下來，最終成為一個知名的武術流派，最重要的根源和核心就是其背後的理法體系。而其理法體系的形成，不僅僅取決於修練者的勤學苦練，更體現在修練者對這門武學的體認經驗與專業素養，並在此基礎上不斷地提煉總結，繼而才能形成一套針對這一拳種的正確理論體系，並以此為基，最終濃縮為可堪參考借鑑的拳論。

　　然而，隨著時代的變遷、歷史的久遠，太極拳這一優秀的拳種，和其他拳種一樣，在其傳承接續的過程中，也逐漸偏離了其固有的發展軌跡，以至形成如今門派林立、拳架萬別、理法蕪雜之局面。

　　究其原因，固然有其歷代傳承接續過程中保守的一面，更多的則是一直以來其正確的理論體系，大多僅流傳於門內師徒之間的身傳口授，很少行諸於文字，即或有，

亦皆深為秘惜，外人則更是難得一窺，是以碎金珠玉，難成牟尼寶珠一串。

而在傳承接續的過程中，大量的先賢精論亦多有散失，以致於造成如今太極拳的發展似已進入了幾乎停滯不前的狀態：既無繼承，更無發展，雖愛好者眾，但大多僅流於枝葉而失其根本，漸迷其宗，漸失其真，只知其養生之效，而不知其搏擊之功，更難窺其入道之門。

而筆者則認為，聖人無二心，太極無二道，天下太極是一家，本無二無別。所謂分別者，後人之錯用心也。理法蕪雜，必然會造成學藝不精。習拳者若其武學思想不能與祖師之論心有相契，則必難得真，所得亦必非正法，正所謂差之雖毫釐，謬之已千里也。

而現今去古聖甚遠，又何以求其正呢？愚以為，自然應是以古聖先賢之語言為綱，字字體貼，細心體悟，以理指導其練，以練體悟其理，庶不至失其真蘊。

基於此，筆者承擔起了匯集整理歷代太極拳宗師經、論、解之重任，利用如今資訊發達的便利條件，廣納博收，抉微索引，釐其次第，證其錯訛，匯為三編，以為廣大太極拳愛好者參考學習之助，亦為防止這些珍貴歷史資料的散失，維護和挽救傳統文化的傳承接續，盡一點微薄之力。

整理匯編此套叢書，工程可謂異常龐大，要從浩如煙海的前賢著作中，釐出其精華，校正其錯訛，其所涉資料之多，錄入工作之繁重，所費精力之巨，實非常人所能感受。有幸的是筆者在整理此書過程中，得到了很多熱心朋

友的無私幫助，才使得錄入工作變得輕鬆一些。在此書即將付梓之際，特對幫助過我的這些朋友致以誠摯的感謝！

他們（所列名字不分先後）是：江蘇無錫：陳道忠，浙江寧波：聞捷，湖北恩施：程鑾，湖南株洲：文志華，山西大同：陳越，四川自貢：林邦鑫，上海：徐強，杭州：唐諍皓，江西吉安：陳小鴻，湖南永興：周和平，浙江金華：盧金龍，廣東：李春霖、李金霖，武漢：楊帆，廣州：楊鎮澤，四川宜賓：余成，廣州：馮文斌，河北保定：李佳佳，上海嘉定區：王永保，合肥：張智勇，長春：劉興鵬，合肥：吳強，河南南陽：賈國棟，江西贛州：郭小林，河北：張立強、孫利民、王崢，以及網友sufu、隨風巽、素風、浪打雲等。

另外，在這裏也要特別感謝我的太極拳授業恩師宋保年先生，感謝他一直以來對我的辛勤教誨，也正是由於先生的悉心傳授，才使我得以一窺太極拳之真傳正法。從先生所學，收穫良多，概難言表，值此書出版之機，特致銘謝！

匯 集 說 明

1. 此套叢書廣納博收，收錄範圍從晚清民國跨越至 1949 年以前，是目前所見到的太極拳出版物中內容最系統、收集最完善的太極拳經、論、解匯編叢書。此套叢書的出版發行，無論對於太極拳習練者和研究者來說，都是非常實用的日常必讀叢書和學習參考工具書。

2. 為保證本套叢書的含金量，其所收內容皆是歷史上公認之太極拳名家論述，均為正知、正見、正論。若讀者悉心鑽研，加以勤學善悟，則如有祖師親授，自可得窺太極之真諦。

3. 本套叢書所收資料中，很多都是以前拳家秘而不宣之門內傳抄秘譜和資料，且不少資料都是首次公開，極富歷史價值和學術研究價值。

4. 本套叢書將歷代太極拳宗師之論述分為經、論、解三編，層層遞進，體用皆賅，條分縷析，理法兼備。使歷代散於各類資料中的太極拳經、論、解，均得到條理化、系統化的全景呈現，讀者無論是查閱抑或是參考學習，均會大有助益。

5. 為了不悖原著之本意，對於一些古體字和異體字，則儘可能不做修改，以求不失其原意，但對於一些已經形成約定俗成用法的字，則做了一定的修改，如「著」同「着」、「劤」通「勁」、「體」通「体」，有心之讀者可比對參考研究。

6. 1949 年以前之拳家，大多誠篤務實，不重名利，亦肯平心下氣地踏實練功，所以其拳論、拳理大多從身體力行中感悟而來，立足實用，不尚浮詞。所以本套叢書大多以選擇 1949 年之前的太極拳家論述為主，以求達到使讀者能夠真實受用之目的。

7. 對於一些有爭議的優秀拳論，本套叢書則不設立場、不涉考據，秉承「依法不依人」的宗旨，只收錄其內容，不參與發表過多的個人立場和看法，僅在拳論之後做出特別說明，以利於讀者自行瞭解辨析。

8. 太極拳論過去大多在門內以手抄本的形式流通，輾轉抄寫，其間錯訛實在所難免，對於一些難以定奪孰對孰錯之字，均在其後括號內附有其他抄本之對照文字，以利讀者對照參考研究。

9. 本套叢書為了更加便於讀者參研，雖在部分內容上按派別來分卷，但在收錄立場上則本著不分派別、天下太極是一家的原則和共參共融的理念來進行匯集整理，所以只要是有深度、有見地的優秀拳論，均予收錄，以求其內容之精博。

10. 本套叢書雖經筆者嚴謹校勘，但限於客觀條件和本人的學識水準，加以手頭可供查閱資料的不足，所以在匯集整理的過程中，難免會有各種各樣的錯誤，敬請廣大讀者朋友予以批評和指正，以利於再版時改正，以臻完美。

目　錄

第一卷　太極拳經拳論名家註解匯集

🔘 王宗岳太極拳經解

武當張三豐著　山右王宗岳解

‖ 歌訣一 ‖

順項貫頂兩膀鬆，
束斂下氣把襠撐。
威音開勁兩捶爭，
五趾抓地上彎弓。

◆ 註解

順項貫頂兩膀鬆，

虛靈頂勁，氣沉丹田。兩背鬆，然後窒。

束斂下氣把襠撐。

提頂吊襠，心中力量。

威音開勁兩捶爭，

開合按勢懷中抱，七星勢視如車輪，柔而不剛。彼不

動，己不動；彼微動，而己意先動。

五趾抓地上彎弓。

由腳而腿，由腿而身，練如一氣。如轉鶻之鳥，如貓擒鼠。發動如弓發矢，正其四體，步履要輕隨，步步要滑齊。

‖ 歌訣二 ‖

> 舉步輕靈神內斂，
> 莫教斷續一氣研。
> 左宜右有虛實處，
> 意上寓下後天還。

◆ 註解

舉步輕靈神內斂，

一舉動，周身俱要輕靈，尤須貫串。氣宜鼓蕩，神宜內斂。

莫教斷續一氣研。

勿使有凸凹處，勿使有斷續處。其根在腳，發於腿，主宰於腰，形於手指，由腳、而腿、而腰，總須完整一氣。向前退後，乃得機得勢，有不得機得勢處，身便散亂，其病必於腰腿求之。

左宜右有虛實處，

虛實宜分清楚，一處自有一處虛實，處處總此一虛實。周身節節貫串，勿令絲毫間斷耳。

意上寓下後天還。

上下、前後、左右皆然。凡此皆是意，不在外面。有上即有下，有前即有後，有左即有右。如意要向上，即寓下意，譬之將植物掀起，而加以挫折之力，其根自斷，損壞之速乃無疑。

‖ 歌訣三 ‖

拿住丹田練內功，
哼哈二氣妙無窮。
動分靜合屈伸就，
緩應急隨理貫通。

◆ 註解

拿住丹田練內功，

拿住丹田之氣，練住元形，能打哼哈二氣。

哼哈二氣妙無窮。

氣貼背後，斂入脊骨。靜動全身，意在蓄神，不在聚氣，在氣則滯。內三合，外三合。

動分靜合屈伸就，

太極者，無極而生，陰陽之母也。動之則分，靜之則合。無過不及，隨曲就伸。

緩應急隨理貫通。

人剛我柔為之走，人背我順為之黏。動急則急應，動緩則緩隨。雖變化萬端，而理為之一貫。由招熟而漸悟懂勁，由懂勁而階及神明。然非用力之久，不能豁然貫通焉。

‖ 歌訣四 ‖

忽隱忽現進則長，
一羽不加至道藏。
手慢手快皆非似，
四兩撥千運化良。

◆ 註解

忽隱忽現進則長，

不偏不倚，忽隱忽現。左重則左虛，右重則右杳。仰之則彌高，俯之則彌深。進之則愈長，退之則愈促。

一羽不加至道藏。

一羽不能加，蠅蟲不能落。人不知我，我獨知人。英雄所向無敵，蓋皆由此而及也。

手慢手快皆非似，

斯技旁門甚多，雖勢有區別，概不外壯欺弱，慢讓快耳。有力打無力，手慢讓手快，是皆先天自然之能，非關學力而有為也。

四兩撥千運化良。

察四兩撥千斤之句，顯非力勝。觀耄耋能禦眾之形，快何能為。立如枰準，活似車輪。偏沉則隨，雙重則滯。每見數年純功，不能運化者，率自為人所制，雙重之病未悟耳。欲避此病，須知陰陽。黏即是走，走即是黏。陰不離陽，陽不離陰，陰陽相濟，方為懂勁。

懂勁後，愈練愈精，默識揣摩，漸至從心所欲。本是

捨己從人，多誤捨近求遠。所謂差之毫釐，謬以千里，學者不可不詳辨焉。

此論句句切要，並無一字陪襯。非有夙慧之人，未能悟也。先師不肯妄傳，非獨擇人，亦恐枉費工夫耳。

‖ 歌訣五 ‖

極柔即剛極虛靈，
運若抽絲處處明。
開展緊湊乃縝密，
待機而動如貓行。

◆ 註解

極柔即剛極虛靈，

極柔軟，然後極剛堅。能呼吸，然後能靈活。氣以直養而無害，勁以曲蓄而有餘。

運若抽絲處處明。

全身意在精神，不在氣。有氣者無力，無氣者純剛。氣如車輪，腰似車軸。似鬆非鬆，將展未展，勁斷意不斷，藕斷絲亦連。

開展緊湊乃縝密，

心為令，氣為旗，腰為纛。先求開展，後求緊湊，乃可臻於縝密矣。

待機而動如貓行。

牽動往來氣貼背，斂入脊骨。內固精神，外示安逸。邁步如貓行，運勁如抽絲。

‖ 歌訣六 ‖

> 掤捋擠按四方正，採挒肘靠斜角成。
> 乾坤震兌乃八卦，進退顧盼定五行。

長拳者，如長江大河，滔滔不絕也。

十三勢者，掤、捋、擠、按、採、挒、肘、靠，此八卦也。進步、退步、左顧、右盼、中定，此五行也。合而言之，曰十三勢。

掤、捋、擠、按，即坎、離、震、兌，四正方也；採、挒、肘、靠，即乾、坤、艮、巽，四斜角也。進、退、顧、盼、定，即水火金木土也。

以上係三豐祖師所著，欲天下豪傑延年益壽，不徒作技藝之末也。

武澄清太極拳論解

◆ 武澄清

武澄清（1800——1884），字霽宇，號秋瀛。進士出身，曾任河南舞陽縣知縣。武式太極拳創始人武禹襄的胞兄，載有《太極拳論》《十三勢行功歌》等文章的太極拳經抄本，就是他在舞陽時發現的。

原習家傳武藝，後亦習太極拳，他於舞陽縣北舞渡鹽店獲得山西王宗岳所傳之《太極拳譜》，將之贈與幼弟禹

裏帶回永年研究。可以說王宗岳所傳之《太極拳譜》的發現，對於武禹襄以後創立武式太極拳是功不可沒的，同時此譜對整個太極拳發展的推動力也是不言而喻的，所以非常珍貴。

武澄清在太極拳研究上，亦有深刻獨到的見解，學術水準很高，並結合練拳，有自己深刻的體悟。他先後著有《釋原論》《打手論》等文，其中《釋原論》更是最早解釋王宗岳《太極拳論》之作，其學術意義重大，很值得愛好太極拳的後學去體悟參研。

‖ 釋原論 ‖

動之則分，靜之則合。

分，謂陰陽分；合，謂陰陽合；太極之形，如此分合，皆謂己而言。

人不知我，我獨知人。

懂勁之謂也，揣摩日久自悉矣。

引勁落空，四兩撥千斤；

合即撥也，此字能悟，真有夙慧者也。

左重、右重、仰之、俯之、進之。

是謂人也。

左虛，右杳，彌高，彌深，愈長。

是謂己，亦謂人也。虛、杳、高、深、長，人覺如此，我引其落空也。

退之則愈促。

乃人退我進，促迫彼無容身之地，如懸崖勒馬，非懂

勁不能走也。

偏沉則隨，雙重則滯。

是比活似車輪而言，乃己之謂也。

一邊沉則轉，兩邊重則滯；不使雙重，即不為人制矣，是言己之病也。

硬則如此，軟則隨。

隨則捨己從人，不致膠柱鼓瑟矣。

☯ 楊露禪拳經拳論註解

◆ 楊露禪

楊露禪（1799──1872），名福魁，又名福同，字露禪，「禪」亦作「蟬」，別號祿纏。河北省永年縣人。幼時家貧，約10歲到河南溫縣陳家溝陳德瑚家為僮，著名武師陳長興每晚至陳德瑚家前廳教授族中弟子，楊露禪殷勤伺候，窺習拳藝，功力大進。

由於其聰明善悟，遂逐漸引起陳之注意，陳命楊與諸徒決，其徒則盡皆敗北，陳始驚楊為天才，喜其敏慧，遂盡授其秘術焉。而據《近今北方健者傳》記載，楊露禪亦曾從學於趙堡陳清萍昇華其拳藝，同時又曾訪武當而得秘諦，先後轉益多師，融而匯之，方成就其獨步武林之太極

絕技，非獨僅學於陳長興之一家拳藝也。藝成後，楊歸故鄉，傳授同里之人，從學者甚眾。當時稱楊拳為化拳，或曰綿拳，以其動作綿而能化，故名之。

後楊至北平（昔北京）教拳，清代王公貝勒等從其學者頗多。之後楊成為清朝旗營之武術教師，並將其拳術傳於凌山、萬春、全佑，民間有「凌得其筋，萬全其骨，全得其皮」之說。

光緒皇帝的老師翁同龢大學士在觀看其精妙的武藝後，大加讚賞曰：「楊進退神速，虛實莫測，身似猿猴，手如運球，猶太極渾圓一體也。」並書贈對聯「手捧太極震寰宇，胸懷絕技壓群英」相祝賀；自此，他所創之楊式太極拳遂名滿天下，從而使太極拳從民間武術登上了華夏武術的大雅殿堂，成為了國粹而流傳至今。

楊露禪性格剛強，無論何門何派，均喜與比試。經常身背一把小花槍和一小包裹，遍遊華北諸省，凡所至之地，聞有藝高者則必拜訪與之較量，即便有人自認不敵，亦必強與之較，但未嘗傷人，其武德得到時人之盛讚。因其武藝高超，所向無敵，故被世人稱為「楊無敵」而名滿天下。

楊生有三子，長曰錡，早亡；次曰鈺，三曰鑑，皆能傳父業，可謂一脈相傳，後繼有人矣。

‖ 太極拳論解 ‖

一舉動，周身俱要輕靈，尤須貫串。

練拳時，不用莽力，方能輕靈，十三式須一氣串成。

氣宜鼓蕩，神宜內斂。

氣不滯，則如海風吹浪；靜心凝神，斯為內斂。

無使有缺陷處，無使有凹凸處，無使有斷續處。

練拳宜求圓滿，不可參差不齊，宜緩慢而不使間斷。

其根在腳，發於腿，主宰於腰，形於手指。由腳、而腿、而腰，總須完整一氣，向前退後，乃能得機得勢。

練法須上下相隨，勁自跟起，行於腿，達於腰，由脊而膊，而行於手指，周身一氣；用時進前、退後，其勁乃不可限量矣。

有不得機、不得勢處，身便散亂，其病必於腰腿求之。上下、前後、左右皆然，凡此皆是意，不在外面。

病不在外而全在意，意不專則神不聚，即不能得勢矣。

有上則有下，有前則有後，有左則有右。如意要向上，即寓下意。若將物掀起，而加以挫之之意，斯其根自斷，乃壞之速而無疑。

此言與人對敵搭手時，先將彼搖動，猶樹無根，立腳不定，則自然倒下矣。

虛實宜分清楚，一處有一處虛實，處處總此一虛實。

與人對敵，每式前虛後實。如放勁，則前足坐實，後足蹬直。總使虛實清楚，則變化自能如意矣。

周身節節貫串，無令絲毫間斷耳。

周身骨節順合，氣須流通，意無間斷。

許禹生拳經拳論註解

◆ 許禹生

許禹生（1879──1945），字靁厚，太極拳名家，著名武術活動家。自幼熱衷武術，受楊健侯、陳發科太極拳理法，並研習多家技藝。

畢業於晚清譯學館，後任北平教育部專門司主事。為雪「東亞病夫」之恥，建議在學校設置國術課，以增強青少年體質，並成立體育學校，首次將武術列入學科考試科目。

1912 年 11 月，許禹生邀集北平武術界著名人士吳鑑泉、趙鑫洲、耿誠信、郭志雲、葛馨吾、紀子修、恆壽山等創辦北平體育研究社。社長由北平市長兼任，他任副社長。該社以「普及武術運動、研究武術理論和拳史、培養武術人才、達到強民報國」為宏旨，盛極一時。京師各校漸向該社聘請教員，教授武術，一時形成北平各校延聘武術教師的一種風氣。

1916 年，又由許禹生倡導，作為該社的附設機構成立了北平體育講習所，除自任課外，還延聘吳鑑泉、楊健侯、楊少侯、楊澄甫、孫祿堂、劉恩綬、張忠元、佟連吉、姜登撰、紀子修、劉彩臣等名家任教。講習所以培養大、中、小學校武術師資為目標，其術科以國技為主，包括徒手和器械。徒手包括太極、形意、八卦、少林等各類

拳術，以及長拳短打、擒拿格鬥諸術；器械包括刀、槍、劍、棍、鉤、鐧、戟等。

1929 年 12 月，許禹生順應時變，在該社的基礎上成立了北平市國術館，市長兼館長，他任副館長，並主編發行《體育月刊》。

該館倣傚中央國術館的機構設置，設教務、編審、總務等處，總管全館工作；下設高級研究部、普通研究班、專修班、民眾練習班，培養武術師資，審定武術教材，傳習各類武術技藝和理論。

1937 年上海「八一三」事變後（亦說 1931 年「九一八」事變），該館成立刀術速成班，傳授刀術，為抗擊日寇輸送將士。

許禹生著述頗豐，先後著有《少林十二式》《羅漢行功法》《太極拳勢圖解》《神禹劍》《陳式五路太極拳》《中國武術史略》等。

許禹生一生致力於武術的研究和推廣，為我國武術的繼承和發揚做了很多卓有成效的工作，對於武術的推廣和挖整亦做出了傑出的貢獻，可以說他本人除了是一位著名的武術家，更是一位傑出的武術活動家、教育家。

‖ 許禹生註《太極拳論》‖

太極者，無極而生。

太，大也，至也。極者，樞紐根柢之謂。太極為天地萬物之根本，而太極拳則為各拳之極致也。

無極而生者，本於無極也。此拳重在鍛鍊精神，運勁

作勢，純任自然，不甚拘於形式。以虛無為本，而包羅萬象。故曰「無極」。

然初學者究當就有形之姿勢入手學習，久之著熟懂勁，融會貫通，始能入於神化之境。

按周濂溪《太極圖說》「無極而太極」，註云：上天之載，而聲無臭，而實造化之樞紐，品彙之根柢也。故曰「無極而太極」，非太極之前復有無極也。此云「無極而生」，究有語病。

動靜之機，陰陽之母也。

變易物體之位置，或動體進行之方向，曰「動」。保存或維持其固有之位置或方向，曰「靜」。機者，徵兆也，如《陰符經》「天發殺機」之「機」。夫動靜無端，陰陽無始。太極者，其樞紐機關而已。

太極拳當行功時，中心泰然，抱元守一，未嘗不靜。及其靜也，神明不測，有觸即發，未嘗無動。於動時存靜意，於靜中寓動機。一動一靜，互為其根，合乎自然。此太極拳術之所以妙也。

萬物之生也，負陰而抱陽，莫不有太極。有太極斯有兩儀，故太極為陰陽之母。太極拳著著勢勢均含一「〇」環形。其動而陽，靜而陰，及剛柔進退等，均與易理無異。故得假借易理以說明之，非強為附會也。

中國舊日學說，諸凡事物均以陰陽喻之。故陰陽無定位，太極拳之為陰陽亦然。如拳勢之動者為陽，靜者為陰；出手為陽，收手為陰；進步為陽，退步為陰；剛勁為陽，柔勁為陰；發勁為陽，收斂為陰；沾勁為陽，走勁為

陰;手足關節之伸為陽,曲為陰;分為陽,合為陰;開展
為陽,收斂為陰;身軀之仰為陽,俯為陰;升為陽,降為
陰。凡此所喻,無論遇如何變化,內皆含一「〇」環形。
故動靜不同時,陰陽不同位,而太極無不在焉。

動之則分,靜之則合。

動,變動也。動之則分陰分陽,兩儀立焉。靜之則沖
漠無徵,而陰陽之理已悉具其中矣。

太極拳術當行功時,其各姿勢,一動一靜相間。其拳
勢之動者,前後、左右、上下,均有陰陽虛實可循,故曰
「動之則分」。其靜的姿勢,雖無痕跡可指,然陰陽虛實
已見其中,故曰「靜之則合」。

若作運勁解,則太極之陽變陰合,即物理力學分力、
合力之理也。太極拳術遇敵欲制我時,則當分截其勁為
二,使敵力不能直達我身。(背勁)所謂「動之則分」是
也。若將敵沾起用提勁,陽之變也。及起,須靜以定之,
使不得動;或敵勁落空,稍靜即發,利用合勁,陰之合也。

倘敵欲發我,則應中心坦然,審然應機,靜以俟之,
微動即應,所謂「後人發先人至」也。

夫道一而已矣。當混沌未判,鴻蒙未關,本無動靜,
何有陰陽?故以虛無為本者,無不合道。天地如是,太極
如是。太極拳習至極精處,亦如是也。然此指先天而言,
指習拳術功深進道者而言。初學之士,驟難語此也。及乾
坤既定,兩儀攸分,有陰陽斯有動靜,則言太極者,不能
不就有形象者以講求之。

太極拳之分合動靜,合乎陰陽。如動勢需求開展,運

勁務明虛實。剛則化之，故曰「分」。柔則守之，故曰「合」。坤在靜中求動，無為始而有為終，必須伏氣。乾則動中求靜，有為先而無為了，只要還虛。

蓋萬物之理，以虛而受，以靜而成。天地從虛中立極，靜中運機。故混沌開而闔闢之局斯立，百骸固而無極之藏自主，無不從虛靜中來也。

重陽子曰：「此言大道之原，而功先於虛靜。虛則無所不容，靜則無所不應。」由是觀之，習太極拳者，倘以虛靜為本，則分合變化自無不如意也。

無過不及，隨曲就伸。

過，逾也。不及，未至也。隨，無逆也。就，即之也。過與不及，皆為失中。失中則陽亢陰暌，未能有合也。

太極拳於曲伸分合等處，運勁過則生頂、抗等病。不及則有丟、偏等病。欲求不即不離，則應隨之而曲，就之而伸。隨機應變，毋固毋我。因力於敵，以中為主，而沾、黏、連、隨以就之，自無不合。所謂「君子而時中也」。案初學此拳者，每失之過，迨稍懂勁，則每失之不及。學者宜審慎之。

人剛我柔謂之走，我順人背謂之沾。

人者，敵也。剛，指剛強有力而言。柔者，無抵抗也。走者，化也。柔以承之，變化敵力之方向，不為所制，故曰「走」。順者，自由便利也。背者，不自由不便利也。沾者，取制敵人之力也。遇敵施剛力時，我惟順應其勢，取而制之，使俯就我之範圍，如以膠著物，故曰「沾」。

太極拳常以小力敵大力，無力禦有力。弱勝強、柔勝剛，為其主旨。但以常理言之，小固不可以敵大，弱固不可以勝強，柔固難期以制剛。然云「敵之」「勝之」「制之」者，必有其所以制勝之理在。蓋敵力須加吾身，方生效力，苟禦制得道，趁其用剛發動之始，審機應變，採取擒獲，使還制其身。則我雖弱，常居制人地位。敵雖強，常居被制地位，難於自由發展，力雖巨奚益?! 此老聃「齒敝舌存」之說也，頗合太極拳剛柔之義。然非好學深思之士，未足以語此。

動急則急應，動緩則緩隨。雖變化萬端，而理為一貫。

此言己動作之遲速，當隨敵動作遲速之程度而異。但欲識敵之遲速程度，須先體察敵力之動機，方能因應咸宜。

何謂動機？周濂溪《通書》有云，動而未形有無之間者曰「機」。又曰：「機微故幽。」雖識如此，設非功深，不易知也。然苟得其機，敵雖變化萬端，由一本而萬殊。而我則執兩用中，扼萬殊而歸一本。審機應候，無過不及。敵運動甚速，而我應付遲緩，則失之緩。敵勁尚未運到，而我先逆待，或加以催迫，則敵反有機可乘，是謂性急，其弊一也。守一以臨，純任自然，無絲毫之凝滯矣。故曰「得其一而萬事畢是也」。

由著熟而漸悟懂勁，由懂勁而階及神明。然非用力之久，不能豁然貫通焉。

此言習太極拳者，進功自有一定之程度，而不可躐等

躁進也。太極拳之妙用全在用勁（*此勁字係靈明活潑，由功深練出之勁，不可僅作力量解*）。然勁為無形，必附麗於有形之著，始能顯著。

言太極拳者，每專恃善於運勁，而輕視用著，以致習者無從捉摸，有望洋興嘆之慨，虛度光陰，難期進益。較循序漸進者，反事倍功半，不遵守自然之程序故也。昔孔子講學，常因材施教，故諸門弟子各得其益。拳術雖屬小技，然執塗人而語以升堂入室之奧，未有能豁然者也。

故習拳者，應先模仿師之姿勢。姿勢正確矣，須求各姿勢互相聯貫之精神。拳路熟習矣，須求各勢著數之用法。著熟矣，其用是否能適當。用均得其當矣，其勁是否不落空。勁不落空，是真為著熟。再由推手以求懂勁，研求對手動作之輕重遲速，及勁行之趨向方位。久之自微懂而略懂，進至於無微不覺，無處不懂，方得稱為懂勁。懂勁後不求用著，而著自合。進至無勁非著，無著非勁。漸至不須用著，只須用勁。再不求用勁，而勁自合。洵至以意運勁，以氣代意，精神所觸，莫之能禦，則階及神明矣。是非數十年純功，曷克臻此？

虛領頂勁，

虛，一作「須」，似宜從「虛」。虛者，對「實」之稱，「實」即窒滯難巧也。頂者，頭頂，亦曰「囟門」。小兒初生時，此處骨軟未合，常隨呼吸顫動，道家稱為「上丹田」「泥丸宮」，蓋藏神之府也。佛家摩頂受記，道家上田練神。《易》曰：「行其庭不見其人。」（*庭指天庭，頭頂也。行，神氣流行也。不見其人，虛也*）《黃庭經》

云：「子欲不死修崑崙。」（崑崙，山名，喻頭頂）均示人修養之要訣也。

　　夫人之大腦主思想，小腦主運動。而頭頂實首出庶物，支配神經，為主宰之樞府，其地位重要如此，宜為修養家所注重。練太極拳者，向主身心合一，內外兼修，精神與肉體二者同時鍛鍊，故運動時必運智於腦，貫神於頂，務使頂上圓光、虛靈不昧，所以煉神也。

　　蓋頭為全身綱領，綱舉則目張，頭頂懸則周身骨骼正直，筋肉順遂，偶有動作，全身一致，左右前後，無掣肘之虞矣。

氣沉丹田，

　　丹田，穴名。道家謂「丹田有三。一居頭頂，以藏神；一居中脘，以蓄氣；一居臍下，以藏精」。此指下丹田也（臍下三寸）。常用深呼吸，使氣歸納於此，自能氣足神旺。

　　《黃庭經》云：呼吸盧外入丹田，審能行之可常存。蓋常人呼吸短促，每至中脘而回（中脘，橫膈膜也），不能下達此處，因之循環遲緩，肺力薄弱，不足以排泄腹中炭養，血脈不能紅活。於人之壽命關係至巨。老子曰：「天地之間，其猶橐籥乎？」又曰：「虛其心，實其腹。」蓋吐故納新（吐，吐腹中濁氣；納，吸新鮮空氣也），歸根復命（根，根蒂，指下丹田命門精氣也。歸復者，以意逆志於此也），以心意導精氣於下丹田而施烹煉也，久之自能延年卻病。

　　下丹田為全身重點所在，習拳術者沉氣於此，則屹然

不動，不易撼倒；但沉者徐徐而下，在有意無意之間，非若外家之用力下沉，外膨小腹也。倘或不慎，每致腸疝諸症。邇來日本之靜坐家剛田虎二郎，罹糖尿病逝世，議者疑係努力下丹田所致，非無因也。

不偏不倚，忽隱忽現。

偏，偏頗失中也。倚，倚賴失正也。隱，隱藏。現，表現。忽隱忽現者，神明不測也。上指身體姿勢，下指神氣運勁而言。

太極，虛明中正者也，於姿勢則必中必正，於運勁若有意無意，使神氣意力，全身貫徹，無過不及，忽隱忽現，令人不可捉摸。練習純熟，便易領悟。

幾何學定理，兩點之間只可做一直線。太極拳上領頂勁，下守重心，周身中正，便無不是處矣。

但領守均須含活潑之意，富自然之趣。過於矜持，則神氣凝滯，姿態呆板，運勁不能虛靈，動生障礙矣。故曰「忽隱忽現」也。

左重則左虛，右重則右杳。

此仍承上文而言。吾隱現無常，敵以吾力在左，思更加重吾左方之力，使失平衡。吾則虛以待之，令敵力落空。

敵揣吾右方有力，可以擒制，吾即隱而藏之，虛實易位，隨機善應，敵更何所施其技耶？!

仰之則彌高，俯之則彌深。

仰，升；俯，降也。敵欲提吾使上，吾即因而高之。敵欲押吾使下，吾即因而降之。敵遂失其重心，反受吾制

矣。因仍變遷，潛移默化，運用之妙，在於一心。

進之則愈長，退之則愈促。

進，前進也。長，伸舒也。退，後退也。促，逼迫也。

吾前進時，倘敵順領吾勁時，吾則長身以隨之，使無可退避。或敵乘勢前進，吾即引而伸之，使力到盡頭，自不得再逞。吾若退後，敵力逼來，每致迫促，無路可逃，然退而即進，雖促不促矣。《易》云：「天行健，君子以自強不息。」示人遇事當積極進行，不可退縮也。

太極拳雖以柔靜為主，但非務退避；其佯退者，乃以退為進，非真退也。若竟退時，倘遇敵隨之深入，則逼迫不自安矣。又敵退後時，吾進而迫之使愈促。吾退後時，敵力跟來，吾則或俯身摺疊，以促其指腕，或旁按臂彎，使敵促迫不安，而不能再進。全在因勢利導，不必拘泥也。

一羽不能加，蠅蟲不能落。

羽，翎羽也。加，增之也。落，降也，著也。

言善太極功者，感覺敏銳，稍觸即知，稍縱即逝。雖輕如一羽、微如蠅蟲，稍近吾體，亦即知覺，趨避而不令加著也。

夫虛靈不昧之謂神，有知覺然後能運動。致虛極，守靜篤。寂然不動，感而遂通，有不期然而然者。非鍛鍊有素，肢體軟靈，富有觸力，未足語此也。

人不知我，我獨知人。英雄所向無敵，蓋皆由此而及也。

虛靜，則陰陽相合。覺敏，則剛柔互濟。敵偶動作，

吾無不知。吾之動作，敵盡難知。拳術家所向無敵，蓋均由此。

《孫子》曰：「善戰者無赫赫之功。」又曰：「知彼知己，百戰不殆。不知彼而知己，一勝一負。」人不知我，我能知人，則所向無敵矣。

斯技旁門甚多，

泛指他項拳術而言。

雖勢有區別，

流派不同，姿勢各異。

概不外乎壯欺弱，慢讓快耳！

他種拳術重力量，尚著法，而不求懂勁。故於機勢妙合、運用靈敏、以靜制動諸訣，概不過問。

有力打無力，手慢讓手快，此皆先天自然之能，

謂力大與敏捷二者，均為天賦的能力。

非關學力而有為也！

非由學而能者。

察「四兩撥千斤」之句（見《打手歌》：「牽動四兩撥千斤。」），顯非力勝；

如秤衡稱物，滑車起重，全賴槓桿斜面等理。太極拳以小力勝大力，以無力制有力，與科學暗合。

觀耄耋能禦眾之形，快何能為？！

古稱七十曰「耄」，八十曰「耋」。年老之人，舉動遲緩，然古之名將，如廉頗等，雖老尚能勝眾，是必不僅恃手足速快己也。

立如枰準（准，下同），

中正安舒，不偏不倚。脊背三關，自然得路也。

活似車輪。

圓妙莊嚴，靈活無滯，則周身法輪長轉不已矣。

偏沉則隨，

偏，指一端也，如吸水機，如撒酒器，使一端常虛，故能引水。如欹器之不堪盈滿，滿則自覆矣。

雙重則滯。

有彼我之雙重，有一己之雙重。太極拳以虛靈為本，單重尚且不可，況雙重乎？

每見數年純功，不能運化者，率皆自為人制，雙重之病未悟耳！

古云：恃德者昌，恃力者亡。《易》曰：「天行健，君子以自強不息。」蓋言虛則靈，靈則動，動則變，變則化，化則無滯耳。

善應敵者，常致人而不至於人，而況自為人制乎？用功雖純，苟不悟雙重之弊，猶未學耳。

欲避此病，

雙重之病。

須知陰陽。

陰陽之解甚多，前已述之，茲不復贅。

黏即是走，走即是黏。

一而二，二而一者也。制敵勁時謂之黏，化敵勁時謂之走。制而化之，化而制之；制即化，化即制也。

陰不離陽，陽不離陰。陰陽相濟，方為懂勁。

知彼己之剛柔虛實，則陰陽互為消長。以虛濟盈，而

不失其機，斯真懂勁。

懂勁後愈練愈精，

反襯不懂勁而愈練愈不精也。

默識揣摩，漸至從心所欲。

懂勁後能自揣摩，默而識之，有余師矣。

本是捨己從人，

毋意，毋必，毋固，毋我。隨機應便，不拘成見。

多誤捨近求遠。

不知機而妄動者，動則得咎。

所謂「失之毫釐，謬以千里」，

區別甚微，人易謬誤。

學者不可不詳辨焉！是為論。

古人云：「獲得真訣好用功。」苟不詳為辨別，則真妄費工夫矣。

☯ 王新午拳經拳論註解

◆ 王新午

王新午（1901──1964），山西汾陽人，著名太極拳家。青年時期就學於北京體育學校。曾從學於著名武術家許禹生、紀子修（紀子修為雄縣劉仕俊弟子，精散手及太極，與大槍劉德寬同門，內外兼精），並從吳鑑泉處受

太極十三式，又從河北衡水劉恩緩處學岳氏八翻手，轉益多師，內外皆精。

1922 年王新午又學宋氏太極拳，即宋書銘所傳之張三豐太極十三式，精研善悟，深得其要。其先後經幾位先輩真傳教益，融會貫通，一生致力於技藝奧妙的研究，將之應用於實戰無不得心應手，為當時武林高手所敬佩和推崇。

1930 年王新午創立山西國術促進會國術操練場，廣邀三晉各派名師教拳傳技，一時高手雲集，盛況空前。

新中國成立後，王於 1950 年赴京參加第一屆全國中醫會議，被選為全國中醫專門委員會委員。後歷任西安市中醫醫院醫務部主任、市中醫業餘大學副校長。是九三學社社員，西安市中醫學會會長、政協陝西省委員會委員。

王一生診務繁忙，治驗頗多，特別長於診治傷寒、溫病，尤善治急症。他對流行性日本腦炎的治療亦有較深研究，1956 年率中醫治療日本腦炎小組在西安市傳染病院主持流行性日本腦炎治療，效果顯著。

王一生勤奮好學，手不釋卷，除精於醫藥、武術之外，詩文、書法亦其所長。常勉勵子女、後學要多讀書，「讀書如耕耘，每讀一遍必有一遍之收穫，細細品玩方得其中之味」。

其一生致力於太極拳和醫學之研究，著述頗豐，先後著有《太極拳法闡宗》《太極拳法實踐》《岳氏八翻手》《王新午醫話醫案》和《流行性日本腦炎西安市中醫治療紀實》等，在國內外影響頗廣。

‖王新午太極拳論「附註」‖

一舉動，

舉動者，舉手動足也。太極拳以動為用，一動無有不動。

又一為數之始，雖微動、略動，皆謂之一舉動，胥宜合乎規矩，不得以小而忽之也。

周身俱要輕靈。

周身，全體也；俱，皆也；輕靈，指不重滯而言。

拳式開始後，由一舉動以致於無窮動作法式，全體皆毫不重滯，舒暢自然也。

尤須貫串。

尤，更也。貫串，連接不斷也。

言練習拳式，既要全體無滯，更須連接不斷，則始終輕靈，無絲毫重滯間斷參於其間。一式如此，式式作如此觀也。

氣宜鼓盪，

鼓盪，震動也。氣由呼吸之壓提升縮，以運動臟腑，使之與體外各式動作合拍，則內外一致，可以助長體力及內勁，故曰氣宜鼓盪也。

但如著意努力為之，而離乎輕靈自然之規矩，則不徒無益，反生大害矣。

神宜內斂。

神，精神之現於外者也，如興奮則趾高氣揚，委靡則垂頭喪氣，皆神現於外之表示。練拳式時，多有昂首張

胸，以示勇武；或心馳外物，而不專一。

斂，收也。言外馳之神，宜收斂於內，猶求其放心之意。

毋使有缺陷處，

毋，勿也。缺陷，破損不完整也。

輕靈貫串，智慧之敏捷使然，鼓蕩為氣之充，內斂乃神之用。凡此所指，皆勿使有破缺損陷之處，不僅以姿勢為言也。

毋使有凸凹處，

凸凹，不平之貌。太極拳之運動，如環無端，如有凸凹之處，則失之矣。

毋使有斷續處。

斷續者，斷而復續也。

太極拳無一式停止、斷絕，而再接下式之處。各式脈絡互通，一氣呵成，故取象乎太極一圖。如有斷續，義既無取，更何所象乎？

其根在腳，發於腿，主宰於腰，形於手指。

此言意、氣、勁三者運行之路線也。根，本也。腳，足底也。

語云：「至人息以踵。」由踵而生，上發於腿也。

主宰於腰者，以腰脊為全體之主宰也，人體之棟柱。厥惟脊骨，四肢附焉，起落進退，俯仰轉折，全賴於腰。脊骨之附著，上實下虛，實者為心胸，虛者為腰腹，以虛靈之故，乃能主宰全體而運用之也。

形於手指者，循腰脊至於肩，至於肘，而腕、而掌，

達於手指也。太極拳之運動，以虛靈為本，然若漫然為之，無所主宰，勢必浮靡散渙，喪其本真。故必有物以提其綱領，豎其線路，由腳至手指，其內聯繫貫通，如響斯應，有澈上澈下一貫到底之妙，乃能周身輕靈，運用自如。否則下停於胯膝，中滯於腰脊，上阻於肩肘，則全無是處矣。

由腳、而腿、而腰，總須完整一氣。

完整，無阻滯、無斷續也。

人體之全重，悉支於兩腿，重則不易移動，不能輕靈。今欲使舉重如輕，捨此道而無由。然由腳至腰，如有阻滯、有斷續，其內勁不完整一氣者，仍無由達，仍不能支配身體，使之自如。故曰：「總須完整一氣。」此要言不煩之秘訣也。

向前退後，乃得機得勢。

向前退後，拳法自具之動作也。機，要也，時會也。勢，形勢也。

拳式之向前退後，為全體之動作，移動全體之重量，而不背上述之道，乃能得其要而不失時會，獲得致勝之形勢也。反襯不由此道者，其意志為身體狀態所支配，而不能支配身體之動作，則絕不能得機得勢，即無以達成功之域也。

有不得機得勢處，身便散亂，其病必於腰腿求之。

散亂者，不完整也。在習者自身感覺不能輕靈如意，而失機失勢，則謂之散亂也。凡此散亂之病，皆發於腰腿。

發於腰，則上體笨滯，運用輒乖；發於腿，則兩腳痴重，進退無方，故曰「其病必於腰腿求之」也。此言散亂之病，因於不得機得勢，以呼應上文完整之利，可以得機得勢。

一利一病，全繫乎腰腿，反覆叮嚀，示人以真訣，習者其亦知所重矣。

上下、前後、左右皆然。

前文言得機得勢，指向前、退後，猶未足以盡也。

須知無論若何動作，皆關於腰腿內勁之如何。內勁聯貫完整，則處處得機得勢；其不聯貫完整，腰腿各自為政者，則全身散亂，向前、退後及上下、左右之動作，皆不能得機得勢矣，所謂一著錯則全盤輸，故曰「上下、前後、左右皆然」，以明關係之重也。

凡此皆是意，不在外面。

此承上文所列習太極拳之真訣而總括之，恐習者之誤會也。

凡上文所言，如周身輕靈貫串、蕩氣斂神，意為之也；毋使有缺陷、凸凹、斷續之處，意為之也；由腳、而腿、而腰、而指，以內勁一線貫串，皆意為之也。必存此意，守此法，念茲在茲。

意之所至，氣勁隨之，內舒暢而外自然，非敷陳於體外，有形可見，有跡可徵也。

若誤認為外，勢必專習腰腿，用力將事。世有此拳法，而此太極拳則非是也。故鄭重言之曰「凡此皆是意，不在外面」也。

有上即有下，有前即有後，有左即有右。

上文言習太極拳之體，自此以次，兼言太極拳之用矣。

拳式為法既繁，為意至伙，言其用，則變化萬千，非可指數；然得其要者，一言而終。茲示其綱領曰：動作之向上者，上之極則必下；向前者，前之極則必後；向左者，左之極則必右；千變萬化，皆不離此原則，是名之曰開合勁、往復勁，為各項應用法所必具，故不厭其煩而列舉之也。

如意要向上，即寓下意，若將物掀起，而加以挫之之意，斯其根自斷，乃壞之速而無疑。

寓，寄也，存也；掀，揭也，提也。

意要向上者，泛言拳式拳法之任何向上之一動也。即寓下意者，於向上之動作時，即寄存向下之意，不待向上之勁完畢，而始向下也。

若將物掀起而加以挫之之意者，言猶振衣者之掀提衣領，而挫折震動；又如策馭者之舉鞭挫折，而生聲響，其用勁可比譬也。於是因挫折之故，其根自斷，乃壞之極速，而無可疑焉。

在拳法之往復摺疊勁，寓摺疊於一往一復之中間，無一式一動無之；蓋其要全在於意要向上時，已存下意，則蓄勁厚而挫折迅速。

若向上之勁畢，始轉而向下，則勁薄散不蓄，雖欲掀挫而無從，此即蓄勁如開弓，發勁如放箭之意也。無論上下左右前後，其意皆同。

虛實宜分清楚，一處自有一處虛實，處處總此一虛實。

虛實所在，有以力之有無分之者，誤也。太極拳法，全在用意，用意久而漸成自然，稱之為懂勁。

凡一動作，有虛有實，先須分晰清楚。如上者為虛，則下者為實；左者為實，則右者為虛，此對待之虛實也。或腕實而肘虛，或掌虛而臂實，此一處自有之虛實也。若此式之運用為虛，彼式之運用為實；或先虛後實，或先實後虛，或虛實相間，以至當虛則虛，當實則實；實中有虛，虛中有實，意之所向，捷若影響，所謂處處總此一虛實也。然非有純功，何能運用適當哉。

周身節節貫串，無令絲毫間斷耳。

言周身者，非支節為之可以成功也。乃混元一氣，毛髮無遺，若徒練一手一足之能，而得此失彼，如盲者之尚能履，跛者之尚能視者，不足以語此。是必節節貫串，如臂之使掌，掌之使指，萬竅畢開，百骸俱通，無使有絲毫間斷之處也。

此承上文虛實宜分清楚之意而言，一言分晰，則支節為之，失貫串之旨，故再以節節貫串，提醒耳目，絲毫之間斷尚不可，況支節分晰而為之乎。

此論以周身起，以周身終，深得行文照應之法。而全篇以貫串及用意兩大手眼示人，如「尤貫貫串」「須完整一氣」「周身節節貫串」，反覆指示；如「凡此皆是意」「意要向上，即寓下意」「若將物掀起，而加以挫之之意」，鄭重叮嚀；體用悉備，即此是法。

長拳（太極拳亦名長拳）者，如長江大河，滔滔不絕也。十三式者，掤、捋、擠、按、採、挒、肘、靠，此八卦也；進步、退步、左顧、右盼、中定，此五行也；掤、捋、擠、按，即乾、坤、坎、離四正方也；採、挒、肘、靠，即巽、震、兌、艮四斜角也；進、退、顧、盼、定，即火、水、木、金、土也。

此節在舊譜即附於前論之後，茲仍之以存其真，文極明淺，無庸贅註。

☯ 董英傑拳經拳論註解

◆ 董英傑

董英傑（1897——1961），太極拳名家，河北邢台任縣人。祖上務農，自幼聰慧，體弱好武。幼年曾向劉瀛洲習武，又曾師從李增魁學習「十三式」，並向被譽為「太極聖手」的武式太極拳名家李香遠學藝，深得武式太極拳之精髓。後又拜楊澄甫為師，並成為其入室弟子，極得楊澄甫所識重，成為楊式傳人中代表性的人物之一，楊澄甫之《太極拳使用法》即為其輔助手編。

民國時期董英傑先生在南京打擂，打敗了英國拳王，從而威震天下。上世紀 30 年代，董英傑先生在香港創立了太極拳健身院，廣收港、澳弟子傳授拳藝，名聲顯赫。

上世紀 50 年代，董英傑先生應邀前往泰國、馬來西亞、新加坡等地教拳授藝。長期在香港、新加坡等地授拳傳藝，所傳弟子更是遍佈世界各地。

其子董虎嶺、其女董茉莉皆為太極拳界知名人士，並分別在美國、香港等地傳播太極拳多年，弟子眾多，在國際武術界亦影響甚大。

董英傑先生功底純厚，拳架氣勢飽滿，融合了楊式、武式太極拳之精華，行拳鬆柔而不失緊湊，氣派宏大。董英傑先生一生致力於太極拳的研究和教育，在技術上頗有創建，在太極拳之理論研究上亦獨有心得。著有《太極拳釋義》一書，更是受到了廣大太極拳愛好者的一致好評。

‖《太極拳論》註解 ‖

太極者，無極而生，陰陽之母也。

不動為無極，已動為太極。空氣磨動而生太極，遂分陰陽；故練太極，先講陰陽，而內包羅萬象，相生相剋，由此而變化矣。太極本無極生，而陰陽之母也。

動之則分，靜之則合。

練太極，心意一動，則分發四肢。太極生兩儀、四象、八卦、九宮，即掤、捋、擠、按、採、挒、肘、靠、進、退、顧、盼、定。

靜本還無極，心神合一，滿身空空洞洞，少有接觸即知。

無過不及，隨曲就伸。

無論練拳對敵，無過不及。過，逾也。不及，未到

也。過與不及皆失中心點。如敵來攻，順化為曲，曲者彎也。如敵攻，未呈欲退，我隨彼退時就伸；伸者，出手發勁也。過有頂之弊，不及為丟，不能隨曲為抗，不能就伸為之離。

謹記丟、頂、抗、離四字，如功能不即不離，方能隨手湊巧。

人剛我柔謂之走，我順人背謂之黏。

比如兩人對敵，人力剛直，我用柔軟之手搭上敵之剛直上，如皮鞭打物然，實實搭在他勁上，能放能長，他想摔開甚難。

如他用大力，我隨沾他手腕，往後坐身，手同時不離，往懷收轉半個圈，為之走化也；向他左方伸手，使敵身側不得力，我為順，人為背，黏他使不能走脫矣。

動急則急應，動緩則緩隨。

今同志知其柔化，不知急應之法，恐難與外功對敵。急，快也。緩，慢也。如敵來緩則柔化跟隨，此理皆明。如敵來甚速，柔化烏能取哉？則用太極截勁之法，不後不先之理以應敵。

何為「截勁」？如行兵埋伏，突出截擊之。何為「不後不先」？如敵手已發未到之際，我手截入敵膊未直之時，一發即去，此為迎頭痛擊。動急由急應，此非真傳不可。

雖變化萬端，而理唯一貫。

與人對敵，如推手或散手，無論何著數，有大圈，有小圈，半個圈。陰陽之奧妙，步法之虛實，太極之陰陽

魚，不丟頂之理，循環不息，變化不同，太極之理則一也。

由著熟而漸悟懂勁，由懂勁而階及神明。然非用力之久，不能豁然貫通焉。

著者，拳式也。今同志專悟懂勁，故不能發人。先學姿勢正確，次要熟練，漸學懂勁。古人云：「不揣其本而齊其末，方寸之木，可使高於岑樓。」此句先求姿勢，後悟懂勁，不難而及神明。

神明言拳精巧。豁然貫通，即領悟得拳奧妙，能氣行如九曲珠，太極理通焉。非久練久熟，何能及此境耶？！

虛領頂勁，氣沉丹田，不偏不倚。

頂者，頭頂也，此處道家稱為「泥丸宮」，素呼「天門」。頂勁非用力上頂，要空虛，要頭容正直，精神上提，不可氣貫於頂。練久眼目光明，無有頭痛之病。

丹田在臍下餘，即小腹處，一身元氣總聚此地位。行功如氣海發源，環流四肢。氣歸丹田，身與氣不偏倚。如偏倚，猶瓷瓶盛水，瓶歪倒，則水流出矣。丹田偏倚，則氣不能歸聚矣。

此說法佛家稱「舍利子」，道家稱「煉丹」，如此練法，氣壯多男，工夫外有柔軟筋骨，內有堅實腹臟，氣充足，百病不能侵矣。

忽隱忽現，左重則左虛，右重則右杳。

隱者，藏也。現者，露也。隱現之法，與人對敵，猶神明難測之妙。

如敵來擊至我身，我身收束為忽隱，使敵不能施其

力；如敵往回抽時，我隨跟進為忽現。敵不知我式高低上下，無法抵擋我手。

練太極如河中小船，人步臨其上，必略偏沉忽隱，又裹步必隨起忽現，猶龍之變化，能升能降；降則隱而藏形，現則飛升太虛與雲吐露。此理言太極能高低，隱現即忽有忽無之說。

重者，不動也。與人對敵，不動可乎？如用拳，必以身體活動，手腳靈捷，然後可以迎敵。敵如擊我左方，我身略偏，虛無可逞；擊我右方，我右肩往收縮，使其拳來無所著，我體靈活，不可捉摸，即左重左虛，右重右杳。

仰之則彌高，俯之則彌深。

仰為上，俯為下。敵欲高攻，吾即因而高之而不可及；敵欲押吾下，因而降使敵失其重心。與己說，仰之彌高眼上看，心想將敵人擲上房屋；俯之彌深，想將敵人打入地內。

班侯先生有軼事，六月某日在村外場（即北方收糧地方）乘涼，突來一人拱手曰：「訪問班侯先生居處。」答：「吾即楊某也。」

其人疾出大、食、中三指擊之，班侯師見場有草房七尺高，招手說：「朋友，你上去罷。」將其擲上，又言：「請下罷，速回醫治。」

鄉人問曰：「何能擲其上？」曰：「仰之彌高。」鄉人不解其說。

北方有洛萬子從學焉，習數年，欲試其技。班侯師曰：「將你擲出元寶式樣可乎？」萬笑曰：「略試之。」較

手如言，兩手兩腳朝天，右胯著下如元寶形，入地不能，將胯摔脫矣。醫好，至今腿略顛簸。此人拳甚好，其人至今還在，常曰：「俯之彌深，利害極矣。」

進之則愈長，退之則愈促。

長者，進也。促者，迫也。與人對敵時，可進不可退，伸手長勁，我手愈進愈長，不進則短。

我擊敵，敵退時我進身跟步，促迫敵不能逃也；敵不逃脫，我為順，敵為背，可能施其機，總言之，即沾、連、黏、隨之意義矣。

一羽不能加，蠅蟲不能落。

練功久，感覺靈敏，稍有接觸即知。猶如一鳥毛之輕，我亦不馱；蠅蟲之小，亦不能著落我身；即便著落琉璃瓶內，光滑不能立足，我以化力，將蠅蟲分磋矣。如此可謂太極之功成矣。

昔班侯先生有一軼事，六月行功時，常臥樹蔭下休息。或有風吹一葉落身上，不能存留，隨脫流而落地下。自常試己功，解襟仰臥榻上捻金米（即小米）少許，置於臍上，聽呼一聲，小米猶彈弓射彈一樣，飛射瓦屋頂相接。班侯先生之功可為極矣，同志宜為之。

人不知我，我獨知人。英雄所向無敵，蓋皆由此而及也。

與人對敵，不出有一定架式，使敵無處入手。如諸葛用兵，或攻或守，敵莫能預測。諺云：「不知我葫蘆賣的是什麼藥。」敵不知我。練太極有審敵之法，如搭手素熟懂勁，我手有靈動知覺，敵手稍動，我早知來意，隨手湊

巧，一發即出。

如離遠用審敵法，一望即知其動作。兵法云：「知己知彼，百戰百勝。」英雄所向無敵，蓋皆由此而及也。

斯技旁門甚多，雖勢有區別，概不外乎壯欺弱，慢讓快耳！有力打無力，手慢讓手快，此皆先天自然之能，非關學力而有為也！

雖拳類繁多，各門姿勢用法不同。總而言之，蓋注重手快力大則也。此種說法，人生就有，非學而得也。各拳著名人亦甚多，但未有太極之理之精微奧妙也。

察「四兩撥千斤」之句，顯非力勝；

聖人云：「以力服人者，非心服也。」學藝能無力打有力，手慢勝手快，以巧治敵，能使人實地心服，亦不愧學藝之苦心矣。

練太極能引進落空，雖千斤力無所用矣。能靈活才有落空之妙；能引進落空，四兩撥千斤之妙得矣。

昔有一軼事，京西有富翁莊宅如城，人稱為「小府張宅」。其人愛武，家有鏢師三十餘人。性且好學，聞廣平府楊露禪名著，托友武祿青者往聘。及請至，張見其人瘦小，身未五尺，面目忠厚，身衣布衣，遂招待其禮不恭，宴亦不盛。

露禪先師會意，遂自酌自飲不顧其他，張不悅曰：「常聞武哥談先生盛名，不知太極能打人乎？」露禪知謙不成，遂曰：「有三種人不可打。」張問：「何為三種？」答曰：「銅鑄的，鐵打的，木作的。此三種人不容易打，其外無論。」張曰：「敝舍卅餘人，冠者劉教師，力能舉

五百斤，與戲可乎？」答曰：「無妨一試。」劉某來式猛如泰山，拳風颼聲。

臨近，露禪以右手引其落空，以左手拍之，其人跌出三丈外。張撫拳笑曰：「先生真神技矣。」遂使廚夫，重新換滿漢盛宴，恭敬如師。劉力大如牛，不巧安能敵手。由此知彼顯非力勝之能為功也。

觀耄耋能禦眾之形，快何能為？！

七八十歲為耄耋，能禦眾人，指練拳言。不練拳，即年壯，敵一二人難矣。

用功人自學拳日起，至老未脫功夫，日久筋骨內壯，氣血充足，故七八十歲能敵眾人。猶戰定軍山，老黃忠言「人老馬不老，馬老刀不老」，其言甚壯。練太極拳人老精神不老，能敵多人，概此意也。

昔健侯太師遺事。有日天雨初晴，院泥水中一小路，可容一人行，門生趙某立其間觀天，不知老先生自屋出，行趙後焉。欲為戲，伸右膊輕輕押趙右肩上，趙某覺似大樑押肩，身彎曲側坐，移出路。老先生笑而不言，行出。

又一日，足立院中，言與眾捕為戲。有門生八九人齊擁上來，見老先生幾個轉身，眾人齊跌出，有丈餘的，有八九尺遠的。老先生年近八十，耄耋禦眾，非妄言也。

快何能為？此快字言無著數之快，謂之忙亂，忙亂之快無所用矣。非快不好，快而有法，然後可用矣。

立如枰準，活似車輪。

立如平準，即立身中正不偏，方能支撐八面，即乾、坤、坎、離、巽、震、兌、艮，即四正、四斜方向也。

活似車輪，言氣循環不息。古人云：「得其環中，以應無窮。」腰如車軸，四肢如車輪，如腰不能做車軸，四肢不能動轉，自己想使車軸轉，可多澆油腰軸，油滿方好。同志細細體會，自得之，勿須教也。

偏沉則隨，雙重則滯。

前說有車輪之比，猶如用一腳蹬輪偏，自然隨之而下。何為「雙重」？猶如右腳蹬上右方，左腳蹬上左方，兩力平均自滯而不轉動。此理甚明，勿須細說。

每見數年純功，不能運化者，率皆自為人制，雙重之病未悟耳！

最淺解說，同志得許多宜處。譬如有幾人練太極，日日用功五六年，與人較，反被敵制。同志問曰：「你用功五六年，可為純工矣。何其不勝？請表演十三勢觀之。」見其練法，騎馬、坐襠、握拳、怒目、咬牙，力大如牛，氣也未敢出，此為雙重練法。同志笑曰：「專駕未悟雙重之病耳！」

又一人曰：「我不用力，練五六年，為何連十歲頑童也打不倒？」同志請演十三勢，見其練法毫不著力，浮如鵝毛，手足未敢伸，眼亦未敢開大。同志笑曰：「尊駕為雙浮誤矣。雙重為病，雙浮亦為病。」眾笑曰：「卻實練法，何能得之？」

預避此病，

雙重、雙浮之病。預避此病，現今易耳。有此拳書，容易知之。此書閱法，先閱一遍，拳理甚多，不能一閱就全懂。日後可練十日拳，閱一日書，慢慢此書功效大著

矣。如有一節悟明料難，可問高明老師可也。

須知陰陽。沾即是走，走即是沾，陰不離陽，陽不離陰；陰陽相濟，方為懂勁。

陰陽即虛實，總而言之，沾連走化，懂敵之來勁。前解甚多，不必多敘。

懂勁後愈練愈精，默識揣摩，漸至從心所欲。

能懂敵之來勁，加以日日習練，即久練久熟之意。揣摩就是悟想老師教的使用法。極熟，出手心想即至，從心所欲得之矣。

本是捨己從人，

與敵對手，知要隨人所動，不要自動。吾師澄甫先生常言由己則滯，從人則活。能從人便得落空之妙。由己反不能由己，能從人就能由己；此理極確實，極奧妙。同志功夫練不到此地位，恐不易知耳。此說極明顯，佛經云「我說牛頭有角」，即明顯之意也。

多誤捨近求遠。斯謂「差之釐毫，謬以千里」，學者不可不詳辨焉！是為論。

與敵對手，多是不用近，而用遠。靜以待動，機到即發，為近；出手慌忙，上下尋處擊敵，為遠。太極之巧，分寸之大，釐毫之小，所以不可差也。如差釐毫，如千里之遠。練拳對手，同志不可不注意焉。

‖ 王宗岳原序解明 ‖

以心行氣，務令沉著，乃能收斂入骨。

平時用功，練十三勢時，用心使氣，緩緩行於骨肉內

外之間，意為嚮導，氣隨行。

練拳姿勢要沉舒，心意要貴靜，心不靜不能沉著，不能沉著，則氣不收入骨，即是外勁非內勁矣。練太極拳須能斂入骨，此真正太極勁也。

以氣運身，務令順遂，乃能便利從心。

欲使氣渾身流通，必須將十三勢校正務錯，姿勢上下順遂，勁不逆扭，方能使氣流通。如姿勢順遂，手腳運用，從心所欲矣。

精神能提得起，則無遲重之虞，所謂頂頭懸也。

精神為一身之主，不但練拳，無論做何事，有精神則迅速，無之則遲慢；故談拳必以提起精神為先。

欲要提起精神，須頭容正直，要頂勁，泥丸宮虛靈勁上升，此法悟通，即提起精神之法也。

意氣須換得靈，乃有圓活之趣，所謂變化虛實也。

意氣，即骨肉內流動物也。至於練拳打手，欲得莫可名狀之佳趣，須使此種流動物流行全身。意左即左，意右即右，斯為太極有虛實之變化。

意氣之換法，猶如半瓶水，左側則左蕩，右側則右蕩；能如是，不但得圓活之趣，更有手舞足蹈之樂，至此境地，縱有人阻我練拳，恐欲罷不能也。

發勁須沉著鬆淨，專注一方。

與人敵，先將對方治住，窺其易失重心之方向，發勁打之。

發勁無論出何手，肩肘要沉下，心中要鬆淨。我勁不散，專注一方，敵不難跌出丈外矣。

立身須中正安舒，支撐八面。

頭容正直，尾閭中正，身即不偏，內心要舒展，以靜待動。腰腿如立軸，手膊如臥輪，回轉如意，方能支撐八面。

行氣如九曲珠，無微不到。

九曲珠者，即一個珠內有九曲灣也。人身譬如珠，四肢百骸無不灣也。

能行氣達四肢，無處不到者，功成矣。

運勁如百煉鋼，無堅不摧。

運勁如百煉鋼，即內勁，非一朝一夕之功也。須經若干歲月練習，慢慢磨煉而成，猶如荒鐵一塊，慢慢練成純鋼，用作刀劍，則其鋒利無比矣。

由太極拳練成精細如鋼之功，鐵人亦能打壞，何況對敵者為血肉之軀乎？故曰無堅不摧也。

形如搏兔之鶻，神如捕鼠之貓。

鶻者，鷹類也，冬獵用之。此言與人對敵，我形式如鷹鶻，見物擒來，眼要注視敵人，一搭手就可將敵擒到，如鶻搏兔之狀。

貓形肖虎，其捕鼠也，伏身坐後腿以待，全神貫注鼠洞，鼠出則突繼捕之。太極有涵胸拔背之勢，如貓捕鼠之神態，蓄機而發也。

靜如山岳，動若江河。

用功日久，腿下有根，站立如山，人力不可動搖也。

江河之喻，言各種變化無窮。一手變十手，十手變千百手，滔滔不絕，如長江大河也。

蓄勁如張弓，發勁如放箭。

蓄者藏也。太極勁不在外而藏於體內。與敵對手時，內勁如張弓將射之圓滿，猶皮球有氣充之。

敵人伏我膊，雖覺綿軟而不能按下，使敵莫名其妙，敵方狐疑不定，不知我弓已引滿待發矣。我如弓，敵如箭，發勁神速，敵如箭跌出矣。

曲中求直，蓄而後發。力由脊發，步隨身換。收即是放，斷而復連。

曲中求直，即隨曲就伸之意。蓄而後發，力由脊發，一理也。與神如捕鼠之貓之理同，數語道盡矣。

往復須有摺疊，進退須有轉換。

與人對敵，或來或往，摺疊即曲肘灣肱之式。此係近身使用法，離遠無用。

進退勿泥一式，須有轉換，隨機而變化也。

極柔軟而後極堅剛，能呼吸然後能靈活。

練十三勢要用柔法，功成後生出柔中含剛內勁。

呼吸者，吸能提得人起，使敵足跟離地。呼則從脊內發出全身之勁，放得人遠出。呼吸靈通，身法方能靈活無滯也。

氣以直養而無害，勁以曲蓄而有餘。

練太極是養氣之法，非運氣之法也。何謂運氣？勉強出力使氣，氣必聚於一處，不能行於四肢。此法違反自然，易傷內臟。何謂養氣？孟子云：我善養吾浩然之氣，不急不躁，先天氣生，靜心養性。練拳使精氣神合一，行氣如九曲珠，繼未獲益，亦無害也。

與人對敵，勿使膊伸直；須上下相隨，步隨身換，膊未直而力有餘，敵者擊即跌出，此即勁以曲蓄而有餘也。

心為令，氣為旗，腰為纛。

太極之理，猶行軍戰事，必有令旗指揮驅使，練太極亦然；心為令者，以心行氣也，能使氣如旗，意之所至，氣即隨之，是即心如令、氣如旗。

腰為纛者，即軍中大纛旗也。小旗主動，大旗主靜。拳法腰可作車軸之轉，不能倒捌大纛旗也。

先求開展，後求緊湊，乃可臻於縝密矣。

開展，大也。初學練拳，先求姿勢開大，以鬆其筋肉，所謂舒筋活血也，能轉弱為強。強而後，研究外能筋骨肉合一，內有精氣神相聚，謂之緊湊。

內外兼修，加以動靜變化，自開展而及緊湊，由健體而及實用，乃臻縝密之境。如說拳有大練小練，則誤矣。

彼不動，己不動；彼微動，己先動。

言與敵搭手，自己不動，精神要注意警戒。待對手欲動之際，我手已動之在先矣。

勁似鬆非鬆，將展未展，勁斷意不斷。

太極拳出手，似鬆實非鬆，伸出以將直未直為度。練拳宜不斷，如一線串成，及乎使用對敵，便無一定之方式；發勁之姿勢，外形似斷而意未少懈也，猶如蓮藕折斷而細絲尚連焉。老振師傅嘗言：勁斷意不斷，藕斷絲連，蓋此意也。

先在心，後在身。

初學對敵，用心之專，恐不能勝。練成之後，毋須有

心之變化，身軀受擊，自能隨機應敵，心中不知而敵已跌出矣。此即為不知手之舞之。

初學之心，成功後在身，猶如初學珠算，心先念歌而後手操之，熟用後心雖不歌，而手亦能運用如意也。是先在心、後在手，拳理亦然。

腹鬆靜，氣斂入骨，神舒體靜。

腹雖注意猶鬆舒，勿鼓勁，氣斂入骨，則骨肉沉重；外如棉花，內似鋼條，猶棉花裹鐵，外柔而內剛。

刻刻在心，切記一動無有不動，一靜無有不靜。

刻刻猶時時也。謹記一動則全身有尺寸跟隨而動，忌全身零碎亂動。猶如火車，車頭動則諸車廂隨焉。太極動時勁要整，雖整而又活。

身雖動，心貴靜。

心靜則全身皆靜，靜中又寓動焉。

牽動往來，氣貼背，斂入脊骨。內固精神，外示安逸。

牽動往來，即收放之義。氣收入貼藏於脊背，蓄而待發。精力內固，外表文雅安逸，雖練武而猶文也。

邁步如貓行，運勁如抽絲。

太極拳行走，大多足跟先著地，如貓行之輕靈，含有蓄神之意。

練拳運勁如抽絲，均勻不斷。運內勁時，自下由腿順轉而上，從胳膊順擰而出，如將一把生絲順扭。反放之，即倒轉由上將勁收回身內，此即為纏絲勁。

全身意在蓄神不在氣，在氣則滯，有氣者無力，無氣

者純剛。

人身有三寶曰：精、氣、神，太極拳以意運勁，然非故意運氣。如運氣膨脹，則滯而不靈。有氣者無力，有濁氣者，自覺有力，人覺我無力；無氣者純剛，無濁氣者即生綿力，意到則力至。

設用力搭在敵人膊上，如用皮條將彼搭住，我雖未用力，對方則覺我手膊重如泰山。不用直力則生巧，無濁氣者為純剛。

氣如車輪，腰如車軸。

全身意氣如車輪流動，腰為一身之主宰。腰如車軸能圓轉，所以變化在腰間也。

又曰：彼不動，己不動；彼微動，己先動。

與敵對搭手，自己不動，待對手一動之際，我手動之在先矣。

似鬆非鬆，將展未展，勁斷意不斷

太極拳出手，說鬆亦不鬆，伸出以未直為度，練拳可以不斷有一定之姿勢，能以線串成。

如講對敵使用，無一定之姿勢，發人出去，我之姿勢，外形似有所斷，而我意未少懈也。猶如蓮藕折斷，內細絲不斷，以此譬喻，容易明瞭，楊老師常言「勁斷意不斷，藕斷絲連」，蓋此意也。

‖《行功口訣》詳解 ‖

一舉動，周身俱要輕靈，尤須貫串。

練拳時一舉一動，凡應動之姿勢，手足俱要輕靈（即

不用勉強力），身子略有騰空意思。又應含有活潑意思，
毫無迂滯而極順熟。

一套拳由頭至尾，貫串而不中斷，即是一氣呵成之
謂。在練拳中，身軀任何部分於動作時，應表現輕巧而非
浮滑，靈活而非虛渺。

夫輕靈者，輕中而含有勁於其間，與浮而無倚之輕者
不同；靈者含有機警智慧，與虛渺無根者又不同。然動作
既得輕靈之妙，應注意其貫串；貫串者，不斷之謂也，如
長江大河，滔滔不絕，綿延之意。

氣宜鼓蕩，神宜內斂。

氣宜鼓蕩，呼吸即氣之表現。鼓蕩似湖中之水，隨微
氣而鼓蕩，一起一伏，輕微而有次序。神宜內斂，靜心凝
神，用意思將精神收斂入內，斯為內斂。

所謂氣者，對於人體則不外呼吸。太極拳之所謂氣
者，即內功。除呼吸之外，尚有一種體內之養氣，該氣混
合於血球間之氣，俗稱氣功。太極拳之練此種氣，非徒然
或勉強可得，必先練意；從意之修養，而至於自覺自悟，
窮神達化之氣功。

生理學所謂人體之血球，當其運行時，有一種無體之
氣，此即養氣，當於血球相扣而行。設無此種養氣之存
在，則血不能行，此氣乃人體有生具來之純然正氣。

凡練拳者，能功至於意氣相生，延年益壽之效寓焉，
目鼻之呼吸雖在動之時，倘能保持與安靜時無大差別，則
體內之氣用之不竭矣。

神者，意之表現，心之徵象。心露於目，故一舉動均

自心生，所謂心為令，氣為旗也，在舉動之瞬息間，心之
所欲，盡現於神，神露則必為敵所知。故致力於修養時，
亦應保藏精神。

無使有缺陷處，無使有凹凸處，無有斷續處。

練拳宜求圓滿，不可參差不齊，又不可忽高忽低。宜
緩慢平均不停，不使中間有斷。

**其根在腳，發於腿，主宰於腰，形於手指，由腳而
腿、而腰，總須完整一氣，向前退後，乃能得機得勢。**

練法須上下相隨，勁自足跟起，形於腿，達於腰，由
脊而膊，行於手指，周身一氣。

用時前進、後退，上至手，下至步，無處不得力，其
勁乃不可限量。

根者，立身之根基，即馬步；腰者，人體上下相接連
之部位也；指者，即兩手之指也。

**有不得機得勢處，身便散亂，其病必於腰腿求之，上
下、前後、左右皆然。凡此皆是意，不在外面。**

病不在外面，全在意內。意不專，則神不聚，步法不
得當，即不能得機得勢。不得勢，手腳亂矣。不論練拳推
手或對敵，如馬步不堅固，則不得勢。甚至於手足無措，
身勢散亂，其致敗之病，在於腰腿。

腰當纛，纛者，兵之司令旗也。腰之運用不靈活，猶
兵之失其主宰，鮮有不亂者，腰之重要可知矣。所以求尾
閭中正，馬步不大不小，站步適當，兼顧四面八方。如有
不得力處，非關外在形式，皆由心不專也。

有上則有下，有前則有後，有左則有右。如意要向

上，即寓下意，若將物掀起，而加以挫之之力，斯其根自斷，乃壞之速而無疑。

凡與人對敵，上部有受敵之虞，則下部亦有防敵之需。進攻之際，亦須作退後之備。或前方不能進迫，可從後方偷襲；左邊須防衛，右邊亦需警戒。有上則有下，此即人攻我上，須防其下。

我攻其上，預擊其下。或攻其上者，實欲動其下，而乘虛襲之。有前則有後，攻即向前，須先防中敵之計。故預備後退，亦進可攻、退可守之意也。

有左則有右，左顧右盼也，我向敵正面攻擊，如失中央突破之機，則當謀左右奇兵抄襲。所謂左重則左虛，而由右擊之。

當對敵時，敵方之根基，亦猶我之馬步，設其根基穩固，若徒以巨力推之，殊不容易。故欲向上部擊之，當先注意其下部，運用機智，使其下部動搖；或誘敵進步，乘時突然攻其上，則對方之根基即動，當可迎勁而倒。

譬如欲拔起一樹，苟徒抱其幹，可將之掀起乎？必先鋤其根，令其盤據於混土之根既鬆且斷，則略微力移其重心，勢必傾倒而無疑矣。此言與人搭手，先將彼動搖，立足不定，猛力一推即倒。

虛實宜分清楚，一處有一處虛實，處處總此一虛實。

練拳與對敵，總不離一虛一實。虛能實，實又能虛。人不知我，妙在其中矣。

全部太極拳之精華奧妙，盡在虛實二字之運用，馬步有虛實，肩肘掌指有虛實，身形轉換變化亦含虛實。虛實

分清，自然運用自如。

然虛實在練拳時，則易領悟，惟施之於推手或敵對，則非經名師指導，再下苦功，實難領略也。緣練拳之知虛實，乃自我之虛實，推手及敵對之虛實，則須知彼功夫矣。

在練拳而論，凡動之聚者為實，至對敵之虛實，瞬息萬變，殊非筆墨可能揭。

周身節節貫串，無令絲毫間斷耳。

全身骨節順合聯貫，氣須流通，意無間斷。

陳微明拳經拳論註解

◆ 陳微明

陳微明（1881──1958），著名武術家，又名慎先，湖北省蘄水縣（今浠水）人，清光緒二十八年（1902）壬寅科舉人，曾任清史館纂修。1915年從孫祿堂精習形意、八卦等拳藝；後從楊澄甫專習楊式太極拳8年，並得到楊健侯親自指點，深得楊式太極之精髓，明楊式之勢、理、法、訣。

乙丑（1925）年，陳微明先生南下上海，於寧波同鄉會內創辦致柔拳社，傳授太極、八卦、形意諸拳，主要推廣楊式太極拳，滬上名人王一亭、聶雲台等均來就學，並集結多年習拳心得，於同年出版《太極拳講義》《太極拳

問答》二書；此二書堪稱早年所出版之楊式太極拳諸書中，最具權威之著作，內並有澄甫先生早年拳架照片，可謂是彌足珍貴。太極拳能從北京南傳至上海、廣州等地，與陳微明積極推廣宣傳息息相關，從這個角度來說，陳先生當居首功。

陳微明先生性情豁達，胸懷坦蕩，無門戶之見，常邀吳鑑泉、楊健侯、楊澄甫、孫祿堂等到致柔拳社任教，人稱「好好先生」。

1931 年曾為國術團體籌組聯合委員會起草會章。1942──1943 年親任致柔拳社社長。

1948 年由台灣回大陸，介紹台灣同胞學習太極拳情況，為兩岸武術交流做出了很大的努力，可以說陳微明先生是一位文武兼備的優秀武術家，為太極拳的推廣和發揚做出了傑出的貢獻。

‖《太極拳論》註解‖

太極者，無極而生，陰陽之母也。

陰陽生於太極。太極本無極。太極拳處處分虛實陰陽，故名曰「太極拳」。

動之則分，靜之則合。

我身不動，渾然一太極。如稍動，則陰陽分焉。

無過不及，隨曲就伸。

此言與人相接相黏之時，隨彼之動而動。彼屈則我伸，彼伸則我屈，與之密合，不丟不頂，不使有稍過及不及之弊。

人剛我柔謂之走，我順人背謂之黏。

人剛我剛，則兩相抵抗。人剛我柔，則不相妨礙，不妨礙則走化矣。既走化，彼之力失其中，則背矣。我之勢得其中，則順矣。以順黏背，則彼雖有力而不得力矣。

動急則急應，動緩則緩隨。雖變化萬端，而理唯一貫。

我之緩急，隨彼之緩急，不自為緩急，則自然能沾連不斷。然非兩臂鬆淨，不使有絲毫之拙力，不能相隨之如是巧合。若兩臂有力，則喜自作主張，不能捨己從人矣。

動之方向緩急不同，故曰「變化萬端」。雖不同，而吾之黏隨，其理則一矣。

由著熟而漸悟懂勁，由懂勁而階及神明。然非用力之久，不能豁然貫通焉。

著熟者，習拳以練體，推手以應用。用力既久，自然懂勁而神明矣。

虛領頂勁，氣沉丹田，不偏不倚，忽隱忽現。

無論練架子及推手，皆須有虛靈頂勁、氣沉丹田之意。

不偏不倚者，立身中正，不偏倚也。

忽隱忽現者，虛實無定，變化不測也。

左重則左虛，右重則右杳。

此二句即解釋忽隱忽現之意，與彼黏手，覺左邊重，則吾之左邊與彼相黏處即變為虛。右邊亦然。

杳者，不可捉摸之意。與彼相黏，隨其意而化之，不可稍抵抗，使之處處落空。

仰之則彌高，俯之則彌深，進之則愈長，退之則愈促。

彼仰則覺我彌高，如捫天而難攀。彼俯則覺我彌深，如臨淵而恐陷。彼進則覺我愈長而不可及，彼退則覺我愈逼而不可逃。皆言我之能黏隨不丟，使彼不得力也。

一羽不能加，蠅蟲不能落，人不知我，我獨知人。英雄所向無敵，蓋皆由此而及也。

一羽不能加，蠅蟲不能落，形容不頂之意。技之精者，方能如此。蓋其感覺靈敏，已到極處，稍觸即知。能功夫至此，舉動輕靈，自然人不知我，我獨知人。

斯技旁門甚多，雖勢有區別，概不外乎壯欺弱，慢讓快耳！有力打無力，手慢讓手快，此皆先天自然之能，非關學力而有為也！

以上言外家拳術，派別甚多，不外以力、以快勝人。以力以快勝人，若更遇力過我、快過我者，則敗矣。是皆充其自然之能，非有巧妙如太極拳術之不恃力、不恃快而能勝人也。

察「四兩撥千斤」之句，顯非力勝；觀耄耋能禦眾之形，快何能為?!

太極拳之巧妙，在以四兩撥千斤。彼雖有千斤之力，而我順彼背，則千斤亦無用矣。

彼之快乃自動也，若遇精於太極拳術者，以手黏之，彼欲動且不能，何能快乎？

立如枰準，活似車輪。

立能如平準者，虛靈頂勁也。活似車輪者，以腰為主

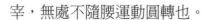

宰，無處不隨腰運動圓轉也。

偏沉則隨，雙重則滯。

何謂「偏沉則隨，雙重則滯」？譬兩處與彼相黏，其力平均，彼此之力相遇，則相抵抗，是謂雙重。雙重則二人相持不下，仍力大者勝焉。

兩處之力平均，若鬆一處，是謂「偏沉」，我若能偏沉，則彼雖有力者，亦不得力，而我可以走化矣。

每見數年純功，不能運化者，率皆自為人制，雙重之病未悟耳！

有數年之純功，若尚有雙重之病，則不免有時為人所制，不能立時運化。

若欲避此病，須知陰陽。黏即是走，走即是黏；陰不離陽，陽不離陰，陰陽相濟，方為懂勁。

若欲避雙重之病，須知陰陽。陰陽即虛實也。稍覺雙重，即速偏沉。

虛處為陰，實處為陽，雖分陰陽，而仍沾連不脫，故能黏能走。

陰不離陽，陽不離陰者，彼實我虛，彼虛我又變為實，故陰變為陽，陽變為陰。陰陽相濟，本無定形，皆視彼方之意而變耳。如能隨彼之意，而虛實應付，毫釐不爽，是真可謂之懂勁矣。

懂勁後愈練愈精，默識揣摩，漸至從心所欲。

懂勁之後，可謂入門矣。然不可間斷，必須日日練習，處處揣摩，如有所悟，默識於心，心動則身隨，無不如意，技日精矣。

本是捨己從人，多誤捨近求遠。

太極拳不自作主張，處處從人。彼之動作，必有一方向，則吾隨其方向而去，不稍抵抗，故彼落空，或跌出，皆彼用力太過也。如有一定手法，不知隨彼，是謂捨近而求遠矣。

斯謂「失之毫釐，謬以千里」，學者不可不詳辨焉！

太極拳與人黏連，即在黏連密切之處而應付之，所謂不差毫釐也。稍離則遠，失其機矣。

此論句句切要，並無一字敷衍陪襯，非有夙慧不能悟也。先師不肯妄傳，非獨擇人，亦恐枉費工夫耳。

太極拳之精微奧妙，皆不出此論。非有夙慧之人，不能領悟。此術不可以技藝視之也。

‖《十三勢說略》註解‖

一舉動，周身俱要輕靈。

不用後天之拙力，則周身自然輕靈。

尤須貫串。

貫串者，綿綿不斷之謂也。不貫串則斷，斷則人乘虛而入。

氣宜鼓蕩，神宜內斂。

氣鼓蕩則無間，神內斂則不亂。

無使有凸凹處，無使有斷續處。

有凹處，有凸處，有斷時，有續時，此皆未能圓滿也。

凹凸之處，易為人所制，斷續之時，易為人所乘，皆

致敗之由也。

其根在腳，發於腿，主宰於腰，形於手指。由腳、而腿、而腰，總須完整一氣；向前退後，乃得機得勢。

莊子曰：「至人之息以踵。」太極拳術，呼吸深長，上可至頂，下可至踵，故變動其根在腳。由腳而上至腿，由腿而上至腰，由腰而上至手指，完整一氣。故太極以手指放人，而跌出者，並非僅手指之力。其力乃發於足根，而人不知也。上手、下足、中腰，無處不相應，自然能得機得勢。

有不得機、不得勢處，身便散亂，其病必於腰腿求之。

不得機，不得勢，必是手動而腰腿不動；腰腿不動，手愈有力，而身愈散亂，故有不得力處，必留心動腰腿也。

上下、前後、左右皆然；凡此皆是意，不在外面。有上即有下，有前即有後，有左即有右。

欲上欲下，欲前欲後，欲左欲右，皆須動腰腿，然後能如意。雖動腰腿，而內中有知己知彼、隨機應變之意在。若無意，雖動腰腿，亦亂動而已。

如意要向上，即寓下意。若將物掀起而加以挫之之力，斯其根自斷，乃壞之速而無疑。

此言與人交手時之隨機應變，反覆無端，令人不測，使彼顧此而不能顧彼，自然散亂，散亂則吾可以發勁矣。

虛實宜分清楚。一處自有一處虛實，處處總此一虛實，周身節節貫串，無令絲毫間斷耳。

練架子要分清虛實，與人交手，亦須分清虛實。此虛實雖要分清，然全視來者之意而定；彼實我虛，彼虛我實，實者忽變為虛，虛者忽變為實，彼不知我，我能知彼，則無不勝矣。

周身節節貫串，「節節」二字，以言其能虛空粉碎。能虛空粉碎，則處處不相牽連，故彼不能使我牽動，而我穩如泰山矣。

雖虛空粉碎、不相牽連，而運用之時，又能節節貫串，並不相顧；如常山之蛇，擊首則尾應，擊尾則首應，擊其背則首尾俱應，夫然後可謂之輕靈矣。

譬如以千斤之鐵棍，非不重也，然有巨力者，可持之而起；以百斤之鐵鏈，雖有巨力者，不能持之而起，以其分為若干節也。雖分為若干節，而仍是貫串，練太極拳，亦猶此意耳。

長拳者，如長江大海，滔滔不絕也。

太極拳亦名長拳。楊氏所傳有太極拳，更有長拳，名目稍異，其意相同。

十三勢者，掤、捋、擠、按、採、挒、肘、靠，此八卦也。

進步、退步、右顧、左盼、中定，此五行也。

掤、捋、擠、按，即坎、離、震、兌四正方也；

採、挒、肘、靠，即乾、坤、艮、巽四斜角也。

進、退、顧、盼、定，即金、木、水、火、土也。

太極拳名式及掤、捋、擠、按已見前。

原書註云：以上係武當山張三豐祖師所著，欲天下豪

傑，延年益壽，不徒作技藝之末也。

‖ 十三勢行功心解 ‖

以心行氣，務令沉著，乃能收斂入骨。以氣運身，務令順遂，乃能便利從心。

以心行氣者，所謂意到氣亦到，意要沉著，則氣可收斂入骨，並非格外運氣也。氣收斂入骨，工夫既久，則骨日沉重，內勁長矣。

以氣運身者，所謂氣動身亦動，氣要順遂，則身能便利從心，故變動往來，無不從心所欲，毫無阻滯之處矣。

精神能提得起，則無遲重之虞，所謂頂頭懸也。

有虛靈頂勁，則精神自然提得起；精神提起，則身體自然輕靈。觀此，可知捨精神而用拙力者，身體必為力所驅使，不能轉動如意矣。

意氣須換得靈，乃有圓活之趣，所謂變轉虛實也。

與敵相黏，須隨機換意，仍不外虛實分得清楚，則自然有圓活之妙。

發勁須沉著鬆淨，專主一方。

發勁之時，必須全身鬆淨。不鬆淨，則不能沉著，沉著鬆靜，自然能放得遠。

專主一方者，隨彼動之方向而直去也。隨敵之勢，如欲打高，眼神上望；如欲打低，眼神下望；如欲打遠，眼神遠望。神至則氣到，全不在用力也。

立身須中正安舒，支撐八面。

頂頭懸，則自然中正；鬆靜，則自然安舒；穩如泰

山，則自然能撐支八面。

行氣如九曲珠，無微不到；

九曲珠，言其圓活也。四肢百體，無處不有圓珠，無處不是太極圈子，故力未有不能化也。

運勁如百煉鋼，何堅不摧。

太極雖不用力，而其增長內勁，可無窮盡。其勁如百煉之鋼，無堅不摧。

形如搏兔之鵠，神如捕鼠之貓。

搏兔之鵠，盤旋不定；捕鼠之貓，待機而動。

靜如山岳，動若江河。

靜如山岳，言其沉重不浮，動若江河，言其周流不息。

蓄勁如張弓，發勁如放箭。

蓄勁如張弓，以言其滿；發勁如放箭，以言其速。

曲中求直，蓄而後發。

曲是化人之勁，勁已化去，必向彼身求一直線，勁可發矣。

力由脊發，步隨身換。

含胸拔背，以蓄其勢。發勁之時，力由背脊而出，非徒兩手之勁也。身動步隨，轉換無定。

收即是放，放即是收，斷而復連。

黏、化、打雖是三意，而不能分開。收即黏化，放是打，放人之時，勁似稍斷，而意仍不斷。

往復須有摺疊，進退須有轉換。

摺疊者，亦變虛實也，其所變之虛實，最為微細。

太極截勁，往往用摺疊，外面看似未動，而其內已有摺疊。進退必變換步法，雖退仍是進也。

極柔軟，然後極堅剛。能呼吸，然後能靈活。

老子曰：「天下之至柔，馳騁天下之至堅。」其至柔者，乃至剛也。

吸為提、為收；呼為沉、為放；此呼吸乃先天之呼吸，與後天之呼吸相反。故能提得人起，放得人出。

氣以直養而無害，勁以曲蓄而有餘。

孟子曰：「吾善養吾浩然之氣，至大至剛，以直養而無害，則塞乎天地之間。」太極拳蓋養先天之氣，非運後天之氣也。

運氣之功，流弊甚大。養氣則順乎自然，日習之養之而不覺，數十年後，積虛成實，至大至剛。至用之時，則曲蓄其勁以待發，既發則沛然莫之能禦也。

心為令，氣為旗，腰為纛。

心為主帥以發令，氣則為表示其令之旗。以腰為纛，則旗中正不偏，無致敗之道也。

先求開展，後求緊湊，乃可臻於縝密矣。

無論練架子及推手，皆須先求開展，開展則腰腿皆動，無微不到。至功夫純熟，再求緊湊。由大圈而歸於小圈，由小圈而歸於無圈，所謂放之則彌六合，捲之則退藏於密也。

又曰：先在心，後在身，腹鬆淨，氣斂入骨，神舒體靜，刻刻在心。

太極以心意為本，身體為末，所謂意氣君來骨肉臣

也。

腹鬆淨，不存絲毫後天之拙力，則氣自斂入骨；氣斂入骨，其剛可知。

神要安舒，體要靜逸。能安舒靜逸，則應變整暇，決不慌亂。

切記一動無有不動，一靜無有不靜。

內外相合，上下相連，故能如此。

牽動往來，氣貼背，斂入脊骨。內固精神，外示安逸。

此言與人比手之時，牽動往來，須含胸拔背，使氣貼之於背，斂於脊骨，以待機會。機至則發，能氣貼於背，斂於脊骨，則能力由脊發；不然，仍手足之勁耳。神固體逸，則不散亂。

邁步如貓行，運勁如抽絲。

此乃形容綿綿不斷，待機而發之意。

全身意在精神，不在氣，在氣則滯。有氣者無力，無氣者純剛。

太極純以神行，不尚氣力，此氣言後天之氣力也。

蓋養氣之氣，為先天之氣；運氣之氣，為後天之氣。後天之氣有盡，先天之氣無窮。

氣如車輪，腰似車軸。

氣為旗，腰為纛，此言其靜也。氣如車輪，腰似車軸，此言其動也。

腰為一身之樞紐，腰動則先天之氣如車輪之旋轉，所謂氣遍身軀不稍滯也。

‖ 打手歌（按：打手即推手也）‖

> 掤捋擠按須認真，上下相隨人難進。
> 任他巨力來打我，牽動四兩撥千斤。
> 引進落空合即出，沾連黏隨不丟頂。

認真者，掤、捋、擠、按四字，皆須按照師傳規矩，絲毫不錯；日日打手，功久自然能上下相隨。

一動無有不動，雖巨力來打，稍稍牽動，則我之四兩，可撥彼之千斤。彼力即巨，必長而直。當其用力之時，不能變動方向，我隨彼之方向而引進，則彼落空矣。然必須沾連綿隨，不丟不頂，方能引進落空，四兩撥千斤也。

又曰：彼不動，己不動；彼微動，己先動。勁似鬆非鬆，將展未展，勁斷意不斷。

打手之時，彼不動則我亦不動，以靜待之。彼若微動，其動必有一方向，我意在彼之先，隨其方向而先動，則彼必跌出矣。

似鬆非鬆，將展未展，皆言聽彼之勁，蓄勢待機，機到則放，放時勁似斷而意仍不斷也。

以上相傳，為王宗岳先生所著，太極拳之精微奧妙已包蘊無餘。就管見所及，略加註解。然仁者見仁，智者見智，功夫愈深者，讀之愈得其精妙。深願繼起者，發揮而光大之焉。

☯ 李先吾拳經拳論註解

◆ 李先吾

　　1906 年出生，廣東南海人，師承劉鳳山（字彩臣）先生。劉彩臣先生為吳鑑泉之弟子。但觀李先吾先生之拳架，則與吳式太極拳之風格迥異，蓋其拳當為劉彩臣先生學自宋氏碩亭（宋書銘）之「三世七」太極拳。

‖《十三勢說略》註釋 ‖

一舉動，周身俱要輕靈，尤須貫串。

　　凡起勢時，不可著力，而身自圓活，勁由內起。

　　貫串者，即演式宜聯絡不斷之謂也；蓋不貫串，則式斷；式斷，則勁斷；勁一斷，則人乘隙而入矣。故輕靈貫串，學者宜加諸意焉。

氣宜鼓蕩，神宜內斂。無使有缺陷處，無使有凹凸處，無使有斷續處。

　　氣鼓蕩則呼吸無間，神內斂則手法不亂。故心平氣和，姿勢自正，無一切凹凸斷續之弊。

　　苟心不專一，式不平正，必易受人所制；有斷有續，更易為人所乘，此皆致敗之由，為太極拳所最忌。

其根在腳，發於腿，主宰於腰，形於手指。由腳、而腿、而腰，總須完整一氣，向前退後，乃得機得勢。

　　太極拳之呼吸深長，可至頂踵；故其氣力，係由腳根而發於腿，由腿而腰、而頂、而手指，皆與自然之呼吸聯成一氣。故遇敵時，進退變換，無不隨意所遣，處處相應，自然得機得勢。

　　有不得機得勢處，身便散亂，其病必於腰腿求之。

　　所謂不得機勢，必是手動而腰腿不動，不相呼應也；故演式一有不得力之處，而致身形散亂者，當留心於腰腿間，弊在其中矣。

　　上下、前後、左右皆然，凡此皆是意，不在外面。有上即有下，有前即有後，有左即有右；如意要向上，即寓下意，若將物掀起，而加以挫之之意，斯其根自斷，乃壞之速而無疑。

　　每一動作，皆須動腰腿，乃能如意；且須上下前後左右，皆能隨機應變，否則腰腿雖動，亦失效用矣。

　　又若意欲襲人上部，反作擊下之勢，令人不測，防此失彼，斯能挫其根，壞其本矣。

　　虛實宜分清楚；一處自有一處虛實，處處總此一虛實。周身節節貫串，無令絲毫間斷耳。

　　每練一式，必須分清虛實，能式式知虛實之所在，則遇敵時，彼實我虛，彼虛我實，能虛實自明，則勝負判然矣。

　　且演式時，運用最貴自然，呼吸尤須不斷，四肢百體，處處虛空，而勁蘊於內，則節節貫串，有如機器之樞紐然，機掣一開，則百處轉動，絕無間斷，自然輕靈，太極亦猶斯意也。

長拳者，如長江大海，滔滔不絕也。

太極十三勢，亦名長拳；但年代愈湮，流派愈廣，名目雖殊，原理則一也。

十三勢者，掤，捋，擠，按，採，挒，肘，靠，進，退，顧，盼，定也。

掤，捋，擠，按，四正方也；採，挒，肘，靠，四隅也；

進，退，顧，盼，定，即進步，退步，左顧，右盼，中定也。

原註云：以上乃張三豐所著，欲天下豪傑延年益壽，不徒作技藝之末也。

‖ 《太極拳論》註釋 ‖

太極者，無極而生，動靜之機，陰陽之母也。

渾然不分陰陽者，為無極；無極而生太極，太極分陰陽，而虛實定矣。

拳能寓意於陰陽虛實之內，因名之曰太極，誰曰不宜。

動之則分，靜之則合。

身動則陰陽分焉，分有可乘；不動則陰陽合焉，合則無間。

無過不及，隨屈就伸。

凡與人接觸時，必要察敵方意之所在，即就其動點而制裁之；所謂覰其屈伸之勢而定我隨就之方，自無太過不及之弊。

人剛我柔謂之走，我順人背謂之黏。

剛以剛迎，則抗力維均；剛以柔制，則強力走化，而敵失其效矣；敵失其效則背，我得其勢則順，以順黏背，無不勝矣。

動急則急應，動緩則緩隨，雖變化萬端，而理唯一貫。由著熟而漸悟懂勁，由懂勁而階及神明，然非用力之久，不能豁然貫通焉。

敵之攻襲有緩急，能察其緩急以相應，自然黏連不斷；雖變化萬端，而我之黏隨，其理則一也。然必須懂勁，方可言此。

若要懂勁，必先勤練；因愈練愈精，用力之久，自能貫通用勁之理，而益神明也。

虛領頂勁，氣沉丹田。

虛者，實之反。頂，即頭頂，腦之所在，為全身綱領；故運勁時，必須貫神於頂，乃能全身一致矣。

丹田居臍下，用深呼吸使氣沉潛於此，則氣自足，而能屹然不動，不易為敵方攧倒；至沉字，有徐徐下沉之意，慎無用力也。

不偏不倚，忽隱忽現。左重則左虛，右重則右輕。

不偏不倚者，此言身體之宜正中也；忽隱忽現者，變化之機妙也。

若敵攻我之左方，則重在左矣，而我變虛以空之；若襲我右方，則重在右矣，而我用輕以化之，務使敵之勁力，失其準繩；捉摸不定，方為盡善。

仰之則彌高，俯之則彌深，進之則愈長，退之則愈

促。

仰而攻我，總覺高不可接，如隔雲天；俯以相就，又若深不可測，恐陷淵海；欲進則覺我愈長，手弗能及；欲退則見我愈偪（同逼），足弗能逃。

此言斯拳沾、連、黏、隨之效力，有如是之著。惟練習專純者，方能悟其理也。

一羽不能加，一蠅不能落；人不知我，我獨知人，英雄所向無敵，蓋皆由此而及也。

練拳者，能潛心造詣，技必精進，不期然而達於化境；所謂一臻絕妙，感覺靈敏，稍觸即應，雖最輕微之羽蠅，亦不容加落。

是以雙方之虛實、動作，惟我能知，我可以預防人，人不能應付我，故所向無敵也。

斯技旁門甚多，雖勢有區別，概不外乎壯欺弱，慢讓快耳；有力打無力，手慢讓手快，是皆先天自然之能，非關學力而有為也。

以上言外家拳術，雖派別甚多，要不外乎以有力欺無力，手快打手慢而已；我手快則我勝，彼力弱則彼敗，此關乎自然之本能，非全由學力之所致也；惟太極則否，能不恃力，不恃快，而自勝人也。

察「四兩撥千斤」之句，顯非力勝；觀耄耋能禦眾之形，快何能為。立如枰準，活如車輪。偏沉則隨，雙重則滯。

太極注重清虛者，即避重之意也；故練至神妙時，確能以四兩撥千斤；彼雖力大而背，我雖力小而順，以順黏

背，對方即失其靈活，快又何用。

立式須如枰之準，方可沉氣頂勁；以腰為車軸，手足隨之，無不圓轉。

凡遇敵時，雙方用力爭持，則力大者勝，謂之雙重。若一方用力，一方鬆勁，勁鬆則偏沉，彼雖有力，亦失其剛強，而隨我化走矣。

每見數年純功，不能運化者，率皆自為人制，雙重之病未悟耳；欲避此病，須知陰陽。黏即是走，走即是黏；陰不離陽，陽不離陰，陰陽相濟，方為懂勁。

練拳注重運用，如不悟此，雖數年之功，而出手仍為人制，是即犯雙重之病；故凡欲避免斯弊者，須研究陰陽之理；夫陰陽者，即虛實也。

遇敵時，如覺雙重，我即偏沉，敵虛我實，敵重我輕；黏著便走，走亦能黏，能黏能走，方知陰陽，乃能隨敵之動作而變化，應付裕如，殆可謂之懂勁也。

懂勁後，愈練愈精，默識揣摩，漸至從心所欲！本是捨己從人，多誤捨近求速。所謂差之毫釐，謬以千里，學者不可不詳辨焉。

太極拳最要之點，在懂勁。但懂勁後，仍須日日練習，加意揣摩，領會處即是進步處，熔之於心，鑄之於身、手、步、眼；故心動則身隨，四肢及焉，無不從心所欲矣。

至此拳性質，完全立於被動地位，並非主動，總以敵方之動作為動作，不自主張，不許犯雙重之弊，專以偏沉取勝；若稍有抵抗之力，即是不能捨己從人，棄本求末，

必為人制，以至失敗。學者不可不注意，此千里毫釐之辨也。

‖《行功心解》註釋 ‖

以心行氣，務令沉著，乃能收斂入骨；以氣運身，務令順遂，乃能便利從心。

心為身之樞紐，意為心之表形，氣即心意發動之原料；故機樞一動，全部運行，所以心意之所至，氣亦必隨之而至，惟意至然後可以行氣。

意要沉著，其氣方能收斂入骨；用功久純，自可以氣運身；但氣之所到，不可使有阻滯；悟乎此，則往來變動，無不從心矣。

精神能提得起，則無遲重之虞，所謂頂頭懸也；意氣須換得靈，乃有圓活之妙，所謂變動虛實也。

太極拳最重精神，故貫神於頂，氣乃下沉於丹田，精神由此煥發，動作從心，自無遲滯之虞矣。

與敵相黏，尤貴隨機換意，不用拙力，乃得靈通；如是，則虛實變換，無不如意，所以有圓活之妙也。

發勁須沉著鬆淨，專主一方；立身須中正安舒，支撐八面。

此言發勁時，心意手足，均須沉著；因無雜念則意淨，無拙力則體鬆，而精神貫注，無論敵方如何襲擊，皆能隨意應付。

頂頭懸，則身中正；氣下沉，則體安舒；故一片穩定，自可支撐八面；八面者，即四正、四隅也。

行氣如九曲珠，無微不到；運勁如百煉鋼，何堅不摧。

四肢百體，雖至細微處，若意有所注，氣無不到，有似珠之圓滑，故力無不化。

太極之運勁，在表面觀，似不著力，但勁自內發，最無窮盡；如百煉之鋼，無堅不摧。

形如搏兔之鶻，神似捕鼠之貓。靜如山岳，動若江河。

動作變換之形狀，如凌空搏兔之鶻，盤旋莫定，凝神蓄勢而待發；似伏地捕鼠之貓，相機便至。

不動如山岳，喻其穩實不浮也；動若江河，喻其氣勁不斷也。

蓄勢如張弓，發勁如放箭。曲中求直，蓄而復發。力由脊發，步隨身換。

張弓如望（十五日）月，此言蓄勁之滿；放箭若流星，是謂發勁之速。

以柔化人之剛曰曲，敵剛既化，我心乘機往攻，勁發而得直矣。沉肩貫氣，力由脊發，而及指端；步法則隨身轉動，變換不定。

收即是放，斷而復連。往復須有摺疊，進退須有轉換。

收即黏化，放為擊敵。故能化人者，方能擊人。惟擊人之時，其勁似斷，但其意能復黏連。

摺疊者，即內外變化之作用也。其往來之摺疊，虛實不定，而有變化；步法需要變換，進退方得如意。

極柔軟，然後極堅剛；能呼吸，然後能靈活。氣以直養而無害，勁以曲蓄而有餘。

太極拳以柔為剛，演習之時，極柔緩者，其勁愈長，其氣至剛。故天下之至柔者，能至剛也。

呼吸，即氣之出納。善養氣者，必能直引而歸於丹田，然後周於全體，意至氣到，四肢靈活，而無神態呆滯之弊，所謂浩氣常存，用之則行也。

遇敵時，曲蓄其勁以待發，不發則已，一發而莫之能禦也。

心為令，氣為旗，腰為纛。先求開展，後求緊湊，乃可臻於縝密矣。

心為主帥，用以發號施令也；氣為旗官，用以傳達命令也；四肢之運用，以腰為中軍，乃纛之所在，用以監督左右、前後而攻敵也。凡練架子及推手，均要開展得法，各部動作，始能接應如意。

所謂求緊湊者，即由大圈以歸小圈，小圈以歸無圈，無圈則是藏於密也。惟功夫精純者，乃可以言此，即能收放之意而已。

又云：先在心，後在身。腹鬆淨，氣斂入骨，神舒體靜，刻刻在心。切記一動無有不動，一靜無有不靜。

太極拳以心意為機樞，以身體為機件，故先心意而後身體。

腹任自然則鬆，無雜念則淨，其氣自能收斂入骨；故神安體靜，應變整暇，而不慌亂。表裏聯成一氣，所以有動則俱動、靜則俱靜之功效也。

牽動往來氣貼背，斂入脊骨；內固精神，外示安逸。邁步如貓行，運勁如抽絲。

與人較技時，因往來角逐之牽動，易犯樁輕氣浮之病；故須沉氣貼背，斂於脊骨，則力由脊骨趨出，運行於各部，神固體逸，自能示人以鎮靜。

步法取貓行之聯絡姿勢，運動若抽絲之貫串不斷。

全身意在精神，不在氣，在氣則滯；有氣者無力，無氣者純剛。氣若車輪，腰如車軸。

太極拳專尚精神，不尚氣力，彼尚氣力者，必為濁氣與拙力而已。

故善養氣者，當以腰為發動之中樞，氣為輪，若軸之貫輪旋轉、運輸以及全身，而無絲毫之阻滯。

‖ 打手歌（按打手即推手也）‖

掤捋擠按須認真，上下相隨人難進。
任他巨力來打我，牽動四兩撥千斤。
引進落空合即出，沾連黏隨不丟頂。

掤、捋、擠、按四字，均須按照師父之規矩，絲毫不能違誤！練久功深，方能上下相隨，一動無有不動，敵不能進攻。

彼雖以巨力打來，略為牽動，則我之四兩，自可撥彼千斤。當其用力時，方向必不能變，我即隨彼之方向而引進，彼自落空矣。然必須沾連黏隨，不丟不頂，乃克臻此也。

又曰：彼不動，己不動；彼微動，己先動。勁似鬆非鬆，將展未展；勁斷意不斷。

打手時，靜待敵勢；彼不動，我亦不動；彼如微動，必有方向，我意在彼先，隨其方向而先動，則彼必跌出矣；故敵用力愈大，受跌亦愈重也。

未動時，一種凝神蓄勢之姿態；意似鬆而未鬆，勁將展而未展。遇機放勁，放時，勁似斷而意仍不斷也。

以上先師遺著，已將太極拳精微奧妙之處，闡發無遺，因欲求顯淺，以便後之有志斯道者，故略加註釋，以為入門之助云爾。

註：此篇拳論註解出自太極拳家李先吾先生所著之《太極拳》一書，1933 年出版。

☯ 黃元秀拳經拳論註解

◆ 黃元秀

黃元秀（1884——1954），原名鳳之，字文叔，號山樵，中年以後改名元秀。浙江杭州人，為辛亥革命之元老，早年與黃興、秋瑾、徐錫麟、蔡元培、章太炎等交遊，為光復浙江，做出過極大的貢獻。為此，民國後，他在浙江軍政諸界均享有很高的聲譽。

黃元秀學識淵博，其書法則更是自成一體，別具風

格，如今杭州各大名勝，還保留著他所題寫的很多碑題。靈隱的「靈鷲飛來」、斷橋的「南無大日如來」等書法作品均具有很高的藝術欣賞價值。

1916 年間，黃先生在杭州師從太極名家田兆麟先生學習太極拳。幾年後，他的肺結核竟因習練太極拳得以痊癒，至此，深受其益的他開始極力推廣中華武術，並與當時的武術名家葉大密先生、孫存周先生（孫祿堂之子）交情甚厚，並義結金蘭，成為武林之一大雅事。

1929 年的杭州國術遊藝會的順利舉行，黃元秀先生的積極倡導可謂是功不可沒。在國術遊藝會之後，黃先生又竭力倡導建立浙江省國術館，並擔任董事一職。

在接觸眾多國術名家的過程中，黃先生兼收並蓄，分別向楊澄甫、楊少侯等名家學習楊式大架太極拳、楊式小架太極拳；向被譽為「劍仙」的著名武術家李景林學習武當對手劍。同時開始著手從事武術文獻的編撰整理工作，先後陸續出版了《武當劍法大要》《太極要義》《武術叢談》《楊家太極拳各藝要義》等書，為武術界留下了很多寶貴的文字資料。

新中國成立後，黃元秀先生以居士身分，熱衷於佛教事業，在杭州，乃至全國佛教界，都享有盛譽。

‖ 王宗岳先師拳論註解 ‖

太極者，無極而生，陰陽之母也。

陰陽生於太極。太極本無極。太極拳處處分虛實陰陽也，此論王宗岳先師所造。

動之則分，靜之則合。

我身不動，渾然一太極。如稍動，則陰陽分焉。

無過不及，隨曲就伸。

此言與人相接相黏之時，隨彼之動而動。彼屈則我伸，彼伸則我屈，與之密合，不丟不頂，不使有稍過，及不及之弊。

人剛我柔謂之走，我順人背謂之黏。

人剛我剛，則兩相抵抗。人剛我柔，則不相妨礙，不妨礙則走化矣。既走化，彼之力失其中，則背矣。我之勢得其中，則順矣。以順黏背，則彼雖有力而不得力矣。

剛與僵不同，柔與軟不同，黏與滯不同，鬆與散不同。

動急則急應，動緩則緩隨。雖變化萬端，而理唯一貫。

我之緩急，隨彼之緩急，不自為緩急，則自然能黏連不斷。然非兩臂鬆淨，不使有絲毫之拙力，不能相隨之如是巧合。若兩臂有力，則喜自作主張，不能捨己從人矣。

動之方向緩急不同，故曰「變化萬端」。雖不同，而令之黏隨，其理則一矣。

由著熟而漸悟懂勁，由懂勁而階及神明。然非用力之久，不能豁然貫通焉。

著熟者，習拳以練體，推手以應用。用力既久，自然懂勁而神明矣。

學者須注意「階及」二字，其功夫如升階然，須一級一階而升堂入室，久練功到自然成。

虛領頂勁，氣沉丹田，不偏不倚，忽隱忽現。

無論練架子及推手，皆須有虛靈頂勁、氣沉丹田之意。

不偏不倚者，立身中正，不偏倚也。

忽隱忽現者，虛實無定，變化不測也。

此節所云之頂勁，其頂中寓虛靈，非硬提也；若硬提，則僵直矣。

其沉，非硬壓丹田也，若硬壓，日久成病，切忌切忌！

左重則左虛，右重則右杳。

此二句即解釋忽隱忽現之意，與彼黏手，覺左邊重，則吾之左邊與彼相黏處即變為虛。右邊亦然。

杳者，不可捉摸之意。與彼相黏，隨其意而化之，不可稍抵抗，使之處處落空，而無可如何。

此節功夫，須與人推手時練習之。

仰之則彌高，俯之則彌深，進之則愈長，退之則愈促。

彼仰則覺我彌高，如捫天而難攀。彼俯則覺我彌深，如臨淵而恐陷。彼進則覺我愈長而不可及，彼退則覺我愈逼而不可逃。皆言我之能黏隨不丟，使彼不得力也。

一羽不能加，蠅蟲不能落，人不知我，我獨知人。英雄所向無敵，蓋皆由此而及也。

一羽不能加，蠅蟲不能落，形容不頂之意。技之精者，方能如此。

蓋其感覺靈敏，已到極處，稍觸即知。能功夫至此，

舉動輕靈，自然人不知我，我獨知人。

此節完全是聽勁功夫。與人交手沾連不離，非熟練聽勁不可，否則易為人制。習聽勁，先從推手起。

斯技旁門甚多，雖勢有區別，概不外乎壯欺弱，慢讓快耳！有力打無力，手慢讓手快，此皆先天自然之能，非關學力而有為也！

以上言外家拳術，派別甚多，不外以力、以快勝人。以力以快勝人，若更遇力過我、快過我者，則敗矣。是皆充其自然之能，非有巧妙如太極拳術之不恃力、不恃快而能勝人也。

此節所提旁門，常有以太極之名，而無太極拳陰陽虛實之分，徒取外表之形式；而無內部意氣脈絡之修練，故視為旁門外道。

察「四兩撥千斤」之句，顯非力勝；觀耄耋能禦眾之形，快何能為？！

太極拳之巧妙，在以四兩撥千斤。彼雖有千斤之力，而我順彼背，則千斤亦無用矣。

彼之快，乃自動也，若遇精於太極拳術者，以手黏之，彼欲動且不能，何能快乎？

能練到「四兩撥千斤」、「耄耋能禦眾」之形，始得太極拳真功夫。

立如枰準，活似車輪。

立能如枰準者，虛靈頂勁也。活似車輪者，以腰為主宰，無處不隨腰運動圓轉也。

立如枰準，並非硬直僵立。活如車輪，並非亂動。

偏沉則隨，雙重則滯。

何謂「偏沉則隨，雙重則滯」？譬兩處與彼相黏，其力平均，彼此之力相遇，則相抵抗，是謂雙重。雙重則二人相持不下，仍力大者勝焉。

兩處之力平均，若鬆一處，是謂「偏沉」，我若能偏沉，則彼雖有力者，亦不得力，而我可以走化矣。

有彼我之雙重，有本身之雙重。彼我之雙重，必至於頂；本身之雙重，必至於笨滯。

每見數年純功，不能運化者，率皆自為人制，雙重之病未悟耳！

有數年之純功，若尚有雙重之病，則不免有時為人所制，不能立時運化。

試驗雙重，須在推手中求之。

若欲避此病，須知陰陽。黏即是走，走即是黏；陰不離陽，陽不離陰，陰陽相濟，方為懂勁。

若欲避雙重之病，須知陰陽。陰陽即虛實也。稍覺雙重，即速偏沉。虛處為陰，實處為陽，雖分陰陽，而仍黏連不脫，故能黏能走。

陰不離陽，陽不離陰者，彼實我虛，彼虛我又變為實，故陰變為陽，陽變為陰。陰陽相濟，本無定形，皆視彼方之意而變耳。如能隨彼之意，而虛實應付，毫釐不爽，是真可謂之懂勁矣。

此論中有稱陰陽，有稱虛實，足見陰陽與虛實有別。

懂勁後愈練愈精，默識揣摩，漸至從心所欲。

懂勁之後，可謂入門矣。然不可間斷，必須日日練

習，處處揣摩，如有所悟，默識於心，心動則身隨，無不如意，技日精矣。

懂勁者，明白對方之勁如何與自己之勁如何，入門而已，由此而升堂入室，漸至從心所欲。

本是捨己從人，多誤捨近求遠。

太極拳不自作主張，處處從人。彼之動作，必有一方向，則吾隨其方向而去，不稍抵抗，故彼落空，或跌出，皆彼用力太過也。如有一定手法，不知隨彼，是謂捨近而求遠矣。

斯謂「失之毫釐，謬以千里」，學者不可不詳辨焉！

太極拳與人沾連，即在沾連密切之處而應付之，所謂不差毫釐也。稍離則遠，失其機矣。

此論句句切要，並無一字敷衍陪襯，非有夙慧不能悟也。先師不肯妄傳，非獨擇人，亦恐枉費工夫耳。

太極拳之精微奧妙，皆不出此論。非有夙慧之人，不能領悟。此術不可以技藝視之也。

‖《十三勢說略》註解‖

一舉動，周身俱要輕靈。

不用後天之拙力，則周身自然輕靈。

尤須貫串。

貫串者，綿綿不斷之謂也。不貫串則斷，斷則人乘虛而入。此指氣血、脈絡貫串全身。

氣宜鼓蕩，神宜內斂。

氣鼓蕩則無間，神內斂則不亂。

神宜內斂，即恬靜之謂；靜者，斂也。

無使有凸凹處，無使有斷續處。

有凹處，有凸處，有斷時，有續時，此皆未能圓滿也。

凹凸之處，易為人所制，斷續之時，易為人所乘，皆致敗之由也。

其根在腳，發於腿，主宰於腰，形於手指。由腳、而腿、而腰，總須完整一氣。向前退後，乃得機得勢。

莊子曰：「至人之息以踵。」太極拳術，呼吸深長，上可至頂，下可至踵，故變動其根在腳。由腳而上至腿，由腿而上至腰，由腰而上至手指，完整一氣。故太極以手指放人而跌出者，並非僅手指之力。其力乃發於足根，而人不知也。上手、下足、中腰，無處不相應，自然能得機得勢。

所云得機得勢，有兩人接觸之機，相交之勢；有個人內外相合之機，前後轉動之勢。

有不得機、不得勢處，身便散亂，其病必於腰腿求之。

不得機，不得勢，必是手動而腰腿不動；腰腿不動，手愈有力，而身愈散亂，故有不得力處，必留心動腰腿也。

上下、前後、左右皆然。凡此皆是意，不在外面。有上即有下，有前即有後，有左即有右。

欲上欲下，欲前欲後，欲左欲右，皆須動腰腿，然後能如意。雖動腰腿，而內中有知己知彼、隨機應變之意

在。若無意，雖動腰腿，亦亂動而已。

如意要向上，即寓下意。若將物掀起而加以挫之之力，斯其根自斷，乃壞之速而無疑。

此言與人交手時之隨機應變，反覆無端，令人不測，使彼顧此而不能顧彼，自然散亂，散亂則吾可以發勁矣。

虛實宜分清楚。一處自有一處虛實，處處總此一虛實，周身節節貫串，無令絲毫間斷耳。

練架子要分清虛實，與人交手，亦須分清虛實。此虛實雖要分清，然全視來者之意而定。彼實我虛，彼虛我實，實者忽變為虛，虛者忽變為實，彼不知我，我能知彼，則無不勝矣。

周身節節貫串，「節節」二字，以言其能虛空粉碎。能虛空粉碎，則處處不相牽連，故彼不能使我牽動，而我穩如泰山矣。

雖虛空粉碎、不相牽連，而運用之時，又能節節貫串，並不相顧；如常山之蛇，擊首則尾應，擊尾則首應，擊其背則首尾俱應，夫然後可謂之輕靈矣。

譬如以千斤之鐵棍，非不重也，然有巨力者，可持之而起；以百斤之鐵鏈，雖有巨力者，不能持之而起，以其分為若干節也。雖分為若干節，而仍是貫串，練太極拳，亦猶此意耳。

虛者，非無也，僅虛而已矣。實者，非僵與硬也，實在而已。

長拳者，如長江大海，滔滔不絕也。

太極拳亦名長拳。楊氏所傳有太極拳，更有長拳，名

目稍異，其意相同。

十三勢者，掤、捋、擠、按、採、挒、肘、靠，此八卦也。

進步、退步、右顧、左盼、中定，此五行也。

掤、捋、擠、按，即坎、離、震、兌四正方也；

採、挒、肘、靠，即乾、坤、艮、巽四斜角也。

進、退、顧、盼、定，即金、木、水、火、土也。

太極拳名式及掤、捋、擠、按已見前。

原書註云：以上係武當山張三豐祖師所著，欲天下豪傑，延年益壽，不徒作技藝之末也。

‖十三勢行功心解‖

以心行氣，務令沉著，乃能收斂入骨。以氣運身，務令順遂，乃能便利從心。

以心行氣者，所謂意到氣亦到，意要沉著，則氣可收斂入骨，並非格外運氣也。氣收斂入骨，工夫既久，則骨日沉重，內勁長矣。

以氣運身者，所謂氣動身亦動，氣要順遂，則身能便利從心，故變動往來，無不從心所欲，毫無阻滯之處矣。

「行功心解」四字，即道家煉氣、修心之法。行功是外，心解是內，即內外兼修，即是動靜雙修，便是性命雙修。前人稱為太極手法，今人改成太極拳。

精神能提得起，則無遲重之虞，所謂頂頭懸也。

有虛靈頂勁，則精神自然提得起；精神提起，則身體自然輕靈。

觀此，可知捨精神而用拙力者，身體必為力所驅使，不能轉動如意矣。

意氣須換得靈，乃有圓活之趣，所謂變轉虛實也。

與敵相黏，須隨機換意，仍不外虛實分得清楚，則自然有圓活之妙。

發勁須沉著鬆淨，專主一方。

發勁之時，必須全身鬆淨。不鬆淨，則不能沉著。沉著鬆靜，自然能放得遠。

專主一方者，隨彼動之方向而直去也。隨敵之勢，如欲打高，眼神上望；如欲打低，眼神下望；如欲打遠，眼神遠望。神至則氣到，全不在用力也。

立身須中正安舒，支撐八面。

頂頭懸，則自然中正；鬆靜，則自然安舒；穩如泰山，則自然能撐支八面。

行氣如九曲珠，無微不到。

九曲珠，言其圓活也。四肢百體，無處不有圓珠，無處不是太極圈子，故力未有不能化也。

運勁如百煉鋼，何堅不摧。

太極雖不用力，而其增長內勁，可無窮盡。其勁如百煉之鋼，無堅不摧。

形如搏兔之鵠，神如捕鼠之貓。

搏兔之鵠，盤旋不定；捕鼠之貓，待機而動。

靜如山岳，動若江河。

靜如山岳，言其沉重不浮；動若江河，言其周流不息。

蓄勁如張弓，發勁如放箭。

蓄勁如張弓，以言其滿；發勁如放箭，以言其速。

曲中求直，蓄而後發。

曲是化人之勁，勁已化去，必向彼身求一直線，勁可發矣。

力由脊發，步隨身換。

含胸拔背，以蓄其勢。發勁之時，力由背脊而出，非徒兩手之勁也。身動步隨，轉換無定。

收即是放，放即是收，斷而復連。

黏、化、打雖是三意，而不能分開。收即黏化，放是打，放人之時，勁似稍斷，而意仍不斷。

往復須有摺疊，進退須有轉換。

摺疊者，亦變虛實也，其所變之虛實，最為微細。

太極截勁，往往用摺疊，外面看似未動，而其內已有摺疊。進退必變換步法，雖退仍是進也。

極柔軟，然後極堅剛。能呼吸，然後能靈活。

老子曰：「天下之至柔，馳騁天下之至堅。」其至柔者，乃至剛也。

吸為提、為收；呼為沉、為放；此呼吸乃先天之呼吸，與後天之呼吸相反。故能提得人起，放得人出。

氣以直養而無害，勁以曲蓄而有餘。

孟子曰：「吾善養吾浩然之氣，至大至剛，以直養而無害，則塞乎天地之間。」太極拳蓋養先天之氣，非運後天之氣也。

運氣之功，流弊甚大。養氣則順乎自然，日習之養之

而不覺，數十年後，積虛成實，至大至剛。至用之時，則曲蓄其勁以待發，既發則沛然莫之能禦也。

心為令，氣為旗，腰為纛。

心為主帥以發令，氣則為表示其令之旗。以腰為纛，則旗中正不偏，無致敗之道也。

先求開展，後求緊湊，乃可臻於縝密矣。

無論練架子及推手，皆須先求開展，開展則腰腿皆動，無微不到。至功夫純熟，再求緊湊。由大圈而歸於小圈，由小圈而歸於無圈，所謂「放之則彌六合，捲之則退藏於密」也。

又曰：先在心，後在身，腹鬆淨，氣斂入骨，神舒體靜，刻刻在心。

太極以心意為本，身體為末，所謂意氣君來骨肉臣也。

腹鬆淨，不存絲毫後天之拙力，則氣自斂入骨；氣斂入骨，其剛可知。

神要安舒，體要靜逸。能安舒靜逸，則應變整暇，決不慌亂。

切記一動無有不動，一靜無有不靜。

內外相合，上下相連，故能如此。

練到節節貫串，上下相隨，即有此功夫。

牽動往來，氣貼背，斂入脊骨。內固精神，外示安逸。

此言與人比手之時，牽動往來，須含胸拔背，使氣貼之於背，斂於脊骨，以待機會。機至則發，能氣貼於背，

斂於脊骨，則能力由脊發；不然，仍手足之勁耳。神固體逸，則不散亂。

外示安逸，即是冷靜態度。

邁步如貓行，運勁如抽絲。

此乃形容綿綿不斷，待機而發之意。

步履，如貓之輕靈、沉著、穩固。

全身意在精神，不在氣，在氣則滯。有氣者無力，無氣者純剛。

太極純以神行，不尚氣力，此氣言後天之氣力也。

蓋養氣之氣，為先天之氣；運氣之氣，為後天之氣。後天這氣有盡，先天之氣無窮。

氣如車輪，腰似車軸。

氣為旗，腰為纛，此言其靜也。氣如車輪，腰似車軸，此言其動也。

腰為一身之樞紐，腰動則先天之氣如車輪之旋轉，所謂氣遍身軀，不滯也。

‖打手歌（按：推手即打手，又稱搭手，又有稱揉手者）‖

> 掤捋擠按須認真，上下相隨人難進。
> 任他巨力來打我，牽動四兩撥千斤。
> 引進落空合即出，沾連黏隨不丟頂。

認真者，掤、捋、擠、按四字，皆須按照師傳規矩，絲毫不錯；日日打手，功久自然能上下相隨。

一動無有不動，雖巨力來打，稍稍牽動，則我之四兩，可撥彼之千斤。彼力即巨，必長而直。當其用力之時，不能變動方向，我隨彼之方向而引進，則彼落空矣。然必須沾連綿隨，不丟不頂，方能引進落空，四兩撥千斤也。

平常通稱推手，如原地推手、活步推手。

又曰：彼不動，己不動；彼微動，己先動。勁似鬆非鬆，將展未展，勁斷意不斷。

打手之時，彼不動則我亦不動，以靜待之。彼若微動，其動必有一方向，我意在彼之先，隨其方向而先動，則彼必跌出矣。

似鬆非鬆，將展未展，皆言聽彼之勁，蓄勢待機，機到則放，放時勁似斷而意仍不斷也。

練拳架時，自始至終，其動作式式不同，似有斷續之處，而其內部之意與氣，實一貫不斷，此所謂勁斷意連也。

註：本編之拳經註解係出自太極拳名家黃元秀所著之《太極拳要義》一書，其書中言此拳經註解為「富春陳智侯與杭州黃元秀述著」。

然經筆者校正比對，此篇拳經註解中的一部分內容為楊式太極拳名家陳微明所撰，另一部分內容當為黃元秀先生所撰；而筆者亦由此產生疑問，富春陳智侯是否即是陳微明？查閱資料，皆不可確考，特此說明此中疑惑，姑待有心之學者研究考證可也。

徐震拳經拳論註解

◆ 徐震

徐震（1898——1967），字哲東，江蘇常州人，著名太極拳理論家、實踐家、研究家。5 歲入私塾，14 歲進入冠英高等小學，次年去上海讀中學。19 歲進東吳大學，並得到南京圖書館館長柳詒徵和國學大師章太炎的賞識，成為章的入室弟子。

1949 年前歷任滬光大學、中央大學、武漢大學、安徽大學、震旦大學教授，上海常州旅滬中學校長等職。

中年曾在常州創辦常州武術館，並從于振聲、馬錦標學查拳，從周秀峰學形意拳，從杜心武學自然門技法，從楊少侯學太極拳。1931 年經張士一先生引薦跟隨郝月如先生學習武派太極拳，此後放棄以前所學武技，專心致志於武派太極拳之研究。

他擅長國學，愛好武術，其成就最大、用心力最多的是對太極拳史的研究，成果豐碩，是我國早期太極拳史論研究之先驅。

約於 1929 年出版了《國技論略》，和唐豪同為近代知名的武學研究專家，但其學術態度則較唐豪嚴謹得多，對於太極拳的考證則多有獨特視角，且有理有據，一掃唐有論無據之武斷考證風氣，讓人耳目一新。

在武術方面，徐震主要師承郝為真之子郝月如，屬武式太極一系，並深得武式太極之精髓。而他本人除了精研太極拳技藝之外，尤其是對於太極拳歷史之研究用心最多，著墨極深，堪稱太極拳史研究之奠基者。

其著作《太極拳發微》，大約於 1935 年前後出版印行，甫一出版，即在太極拳界擁有廣泛讚譽和一致好評。其著作由後人整理出版的還有《太極拳譜箋》《太極拳考信錄》《太極拳譜理董辨偽合編》《萇乃周武術學》《萇氏武技書》等，皆為傳世之名作，為廣大太極拳愛好者和研究者所推崇。

王宗岳所編太極拳譜，自武禹襄得諸舞陽鹽店，復加解說，楊露禪亦承用之。然傳者於原譜舊文與武氏解說，莫能識別。予既詳考端末，辨而析之，遂就原譜為之箋釋。其武氏之言，有須疏明者，別有論撰，茲不及焉。

至若搠應作弸，搌當作搂，若此之類，新論正名篇詳之矣，今悉加刊正，故異於他本，學者可無疑焉。

‖《太極拳論》註釋‖

太極者，無極而生，陰陽之母也。

此節明太極取名之義，以為總攝體用之言。

《易》云：「太極生兩儀。」朱子《周易本義》云：「兩儀者，始為一畫，以分陰陽。」周子曰：「無極而太極。」拳名太極，義蓋取諸此也。

太極拳造乎最高之境，為能常定常應。常定為寂然不

動，常應為感而遂通。寂然不動，無極也。感而遂通，太極也。應生於定，感生於寂。故曰，無極而生。

易云：「一陰一陽之謂道。」謂夫一切事物，皆相反相濟也。太極拳練法在開合蓄發，互為根紐。用法在順逆走黏，一時俱運，皆相反相濟之道。故曰：陰陽之母。此二句攝盡體用，實為全文之開宗本義。

動之則分，靜之則合。無過不及，隨曲就伸。人剛我柔謂之走，我順人背謂之黏。動急則急應，動緩則緩隨。雖變化萬端，而理唯一貫。

此節言太極拳運用之綱領。

動靜在心，分合在形。心能宰制其形，則一心主政，百骸從令。作止蓄發，無不如志。故曰「動之則分，靜之則合」也。

「無過不及」謂應合他力，須時間與方向兩皆適當。時間則不後不先，正當他力將發未發之際；方向則不即不離，正切他力難轉難化，不可抗拒之處。

「隨曲就伸」，謂應合他力，貴能因事乘便，不與牴牾，則他力皆為我用矣。此一節中，以此四句為主。

「走」謂避彼來力，「黏」謂隨彼來力。彼力雖強，我以運轉靈敏，即可不受彼力，是為用柔。然必自處於順，乃能運轉靈敏，故柔與順常相合也。

若肌腱未能練柔，舉止未能練順，他力雖背，我亦無由制之，以我亦不能得勢得力，即不能利用機會也。

「動急急應，動緩緩隨」，謂時間需求適合。若必以急為善，則有先自見其形勢之失。若必以緩為善，又將失

之遲頓。故不可自用，惟當因彼。此四句申明上四句之義。

「雖變化萬端，而理唯一貫」，謂法無固定，理有要歸，此二句總束本節。

由著熟而漸悟懂勁，由懂勁而階及神明。然非用力之久，不能豁然貫通焉。

此節言功夫之進程。

「著熟」為初步功夫，不過求熟於法而已。所謂法者，在本身為各部骨節筋腱之動作能相協調。在對角為於彼來力之線路，能確實辨認。所以在此一步中，可謂重在應用力學之練習。

「懂勁」為第二步功夫，由法之運用漸熟，至於習慣如自然，使思慮變成本能。在本身為由各部內外肌之調適，進於形氣之調適。在對角為於來勁之線路，無須著意辨認，肌膚自有感覺，身體各部反射之機能，極為靈敏。所以在此一步中，可謂重在神經反射之練習。

「神明」為第三步功夫，功夫至此，惟在調伏其心，養成定力，則精神可以控制外物，而他力無異我力。所以到此步功夫，全重精神修養。

三步功夫，每一步中，尚有若干節序，然未易細分，且各人之過程不同，故亦無從詳分。至於練成之時間，初步功夫，若能不謬蹊徑，速者年餘，遲亦不過兩載。然自初步進入第二步，時之久暫，即已難定。自第二步進入第三步，亦復難言。

要能持之有恆，精進不懈，親近良師益友，常相講

肄，則功至自悟，故曰非用力之久，不能豁然貫通。

虛領頂勁，氣沉丹田。不偏不倚，忽隱忽現。左重則右虛，右重則右杳。仰之則彌高，俯之則彌深。進之則愈長，退之則愈促。一羽不能加，蠅蟲不能落。人不知我，我獨知人，英雄所向無敵，蓋皆由此而及也。

此節言練法及功效。

「虛領頂勁」至「不偏不倚」，專就演架而言。「忽隱忽現」一句兼具演架打手之法。自「左重則左虛」至「我獨知人」，專就打手而言。「英雄」二句，言功效也。

「虛領頂勁」者，自外形言，頭容端正，若以頂勁領起全身。

由內心言，寂然若合體於虛無，而腦間常自爽朗，故「虛領頂勁」，實兼內外而言，若但說外形，則虛義不明；若專說內心，則頂勁何指？故當內外兼及，義乃滿足也。

「氣沉丹田」為伏氣之功。丹田為臍下少腹，意繫於此，漸加攝斂，將覺如有孔穴，為呼吸之根。息之出入，乃極深細，至於安勻調暢，舉體自爾和順，運用自能隨意，乃至不覺有孔穴，不覺有氣相。此須體驗方知，非可憑臆測度也。

「不偏不倚」即為中正，乃專就外形言也。外形欲其中正，當謹守身法十目。身法十目即武禹襄所標「提頂、吊襠、裹襠、護肫、含胸、拔背、鬆肩、沉肘、騰挪、閃戰」等是也。此十目能練至悉當，即為合度。統觀此三句，「虛領頂勁」與「氣沉丹田」，皆以「不偏不倚」，為

基本功夫。

太極拳練法，不離演架打手，於演架中用輕清閃倏之勁，是為練本身之「忽隱忽現」。於打手時使突變猝發之勁，是為練應敵之「忽隱忽現」。

自「左重則左虛」，至「退之則愈促」，此乃練走、練黏之法。其要訣總歸不與彼力相犯，而因勢利用之耳。

至於「一羽不加，蠅蟲不落」，則皮膚感覺之敏，全身運用之靈可知矣。故人不知我之動靜，我獨知人之虛實。

「人不知我」，則能出其不意。我獨知人，則能攻其無備。依此練法，施諸弁搏，自有奇效。故曰：「英雄所向無敵，蓋皆由此而及也。」

斯技旁門甚多，雖勢有區別，概不外乎壯欺弱，慢讓快耳。有力打無力，手慢讓手快，是皆先天自然之能，非關學力而有也。察「四兩撥千斤」之句，顯非力勝，觀耄耋能禦眾之形，快何能為。

此節明太極拳之特長。

「斯技旁門甚多」四句，謂太極以外之各派拳術，皆形式有殊耳。據實論之，無非恃先天之力與捷，其不合正法一也。震謂太極獨到之處，在超越形骸之作用而練成心神之凝定。故功夫不隨血氣之盛衰為進退。

太極而外，各派拳技，雖有具高美之理法者，然皆不免隨年事為盛衰。如摔跤之術，非無巧法，年逾五十，功夫即不免衰退。惟太極拳功夫，可以至老不退，此亦其獨到之處也。

「有力打無力」四句，明太極之妙，在不恃本有之力與捷，而能由學以成智勇。然太極之外，各家拳術，亦有具高美之理法者，謂其未若太極之深妙則可，直謂皆是先天自然之能，非關學力而有，未免抹殺太甚。

「察四兩撥千斤」四句，謂太極拳家，不取力與捷，其實何嘗不取力與捷，特其力與捷，皆由鍛鍊而得，非先天本具者耳。

太極拳所用之力，粗者為肢體聯貫動作之合力，精者為意氣一致之剛勁。太極拳所用之捷，粗者在肢體之能調與時、方之有準，精者在感覺之敏、心神之定。故其力不爭強，捷不爭先，惟在當機赴節（當機則能後發先至），故有四兩撥千斤、耄耋能禦眾之效。

立如枰準（徐震原文為秤准，當為徐先生收藏之拳譜抄本為秤准），活似車輪。偏沉則隨，雙重則滯。每見數年純功不能運化者，率皆自為人制，雙重之病未悟耳。

此節言太極拳之得失。

「立如枰準」四句，上二句言勢法之本。下二句言得失之由。秤之為物，能權輕重而得其平。人能將重心位置得當，則雖在變動之中，全身之力，仍得平衡。就其姿勢言之，則有立如秤準之象。

若能養成此種功夫，則作止變轉之時，自爾穩定便捷；已能保持此種平衡力，方可練全身處處圓轉；能全身處處圓轉，則與外力接觸時，可以順勢滑過，故能不受他力，此即活似車輪之義。

又圓轉之法，大圈之中更包小圈，此種復合之轉法，

最能利用他力之來勢而變更其方向。故「立如秤準，活似車輪」，乃一切勢法之基礎。有此基礎，乃可隨而不滯。所謂隨者，須將兩足分清虛實，使重心常在一足之內，作止變轉，常將兩足交互相代，以支其身；則重心不至提高，動中依然穩定，動時仍可發勁，此所謂偏沉則隨也。以支身只著力於一足，故曰偏沉，以身體各部可任意而動，故曰隨也。

　　輕靈之功，果造其極，絲毫不受他力，所謂「一羽不能加，蠅蟲不能落」。此二語最為善於形容。若他力來時猶有與之抵牾之意，則與左重左虛、右重右杳之義不合，如是則犯雙重之失。犯雙重者，必顯其力之方向；方向既顯，則為人所乘，每至不及變轉，故曰雙重則滯也。

　　「每見數年純功」四句，即專言雙重之失。大抵犯雙重之失者，多由步法虛實不清所致。所以者何？緣動步之時，不能圓轉自如，遇有他力突然而至，乃不得不與之抵拒，即成雙重之病。論中以偏沉與雙重對舉，意在是也。

　　欲避此病，須知陰陽；黏即是走，走即是黏。陰不離陽，陽不離陰。陰陽相濟，方為懂勁。懂勁後愈練愈精，默識揣摩，漸至從心所欲。

　　此節言取徑高則病去，而技日進。

　　陰、陽、走、黏之義，已見上文。「黏即是走，走即是黏。陰不離陽，陽不離陰」者，以本身言，則一時能為復合之動，錯綜之運是也。以應敵言，攻守俱時而有，取勢相反相濟是也。

　　舉例明之：如推手之時，彼力前擠，我須一時將身向

後、向側、向下做按勢而不著力，足反陰自下進，並於此
時將我欲發勁之方向取準，及彼勢已窮而將回，我乃隨其
回勢而用勁下按，此即一勢之中，含復合之動、錯綜之運
也。至於當彼擠進之時，我以避讓為蓄勢，故守即同時為
攻，相反適以相濟；此陰不離陽，陽不離陰也。然此特就
顯見之法式言耳，故為粗淺之動作。功力既深，動作造
微，雖有復合錯綜之實，一泯攻守避就之跡。此亦非言語
所能達，而當徵諸體驗矣。

「陰陽相濟」，總括上四句而言，果能臻此境地，自
能知己知彼。是以謂之懂勁。由是愈練愈精，直可視他力
如己力，是為從心所欲。

自懂勁以後，全是內省功夫，非復求諸外形所能到。
故以默識揣摩，示用功之途徑。

**本是捨己從人，多誤捨近求遠。所謂差之毫釐，謬以
千里，學者不可不詳辨焉。是為論。**

此節明太極拳功夫之歸咎也。

「捨己從人，捨近求遠」，應作四種料簡：

一為既不「捨己從人」，又復「捨近求遠」。世俗拳
師，但練花拳；或專練硬功，不識門徑，不通理法，大多
如此，此最下也。

二為雖知「捨己從人」，未免「捨近求遠」。習太極
拳功力淺者，易犯此失。

三為不能「捨己從人」，尚非「捨近求遠」。內功之
粗者，外功之精者，往往如此；其用法未嘗不簡捷，特非
變化圓融，隨觸即轉，未免有起有落。雖就勢法言，已不

見「捨近求遠」之失，究極論之，尚未盡切近之能事也。

四為太極功夫之歸咎，必於「捨己從人」中，求其至切至近之運用，所爭只在毫釐；功夫若此，方為造微也。

故結語云：「差之毫釐，謬以千里。」意謂太極拳之所以夐絕，正以有此精微之境。不到此境，不足以識其特異。學者於此，小有差忒，即不得太極拳之真諦，故辨之不可不審也。

統觀此論，足見太極拳之真諦，惟在輕靈。今之習拳者多矣，而於此論，略不措意，徒憑傳訛，以為得真，遂使輕靈反成拙滯，久練竟無功效，豈不惑哉？

‖《十三勢行功歌訣》註釋‖

十三總勢莫輕視，命意源頭在腰隙。

十三勢雖多言用，而定之一字，亦攝心法，乃太極之體。故十三勢實賅括體用，稱為總勢者以此。

「命意源頭在腰隙」一語，實為太極拳全部功夫之關鍵。蓋論練形，必腰部靈活，而後上下肢及身軀之運轉能貫通而互應。論伏氣，必先求腰肌之張弛與胸肌之伸縮能相諧和，而後膈膜之升降與肺臟之舒斂能相調適。故「命意源頭在腰隙」一語，不可輕忽看過。

變轉虛實須留意，氣遍身軀不稍痴。

此言演架時須留意於各勢之變轉虛實。若能和順，即無牽掣不靈之象。

痴者，不靈之謂也。氣遍身軀，須是清虛之氣，不可著相。痴，他本或作滯，於義亦通。

靜中觸動動猶靜，因敵變化是神奇。

此言應敵之時，能定乃能善因。動靜相濟而成和。則動亦定，靜亦定矣。故曰「靜中觸動動猶靜」。

心定於內，乘物於外，因其固然，從而利用之。則彼力皆為我用，故曰「因敵變化是神奇」。

勢勢存心揆用意，得來不覺費工夫。

驗之於打手，察之於演架，是為「勢勢存心揆用意」。太極拳法必依理查驗，乃可事半功倍，非如其他拳術須費力苦練。故曰「得來不覺費工夫」。

刻刻留意在腰間，腹內鬆靜氣騰然。

此處明示練腰與伏氣之關係。功至伏氣，則外形已臻和順，身法不待留意而自合。獨於腰間，猶當刻刻留心，然後能調息歸根也。調息歸根，非閉氣也。若閉氣則腹內不能鬆靜矣。

氣騰然者，竟體虛靈之謂，非全身血氣沸騰之象也，須善辨。

尾閭中正神貫頂，滿身輕利頂頭懸。

此二句即《太極拳論》中「虛靈頂勁，氣沉丹田」之意，釋已見前。

又「尾閭中正」與「頂頭懸」連言者，以身法之中正，端在頂門與會陰相對相當。平時正立，固須如此。即在俯仰磬折之際，亦須如此，方可合於時中也。

又於「滿身輕利」四字，可證騰然之氣，惟是竟體清虛，略不著氣相也。武禹襄云「全身意在蓄神，不在氣，在氣則滯」，亦是此意。

仔細留心向推求，屈伸開合聽自由。

言功夫益邃密，則動止變轉，可惟意所欲。

入門引路須口授，功用無息法自修。

一切理法雖可由文字中求之，而學習拳架與推手非師授不能明。若得真傳，不謬蹊徑，則探索舊說，久練亦可有會，故曰「入門引路須口授，功用無息法自修」。修者，修繕，使之完美也。

入門引路大多須年餘，竟功至速，亦須歷五六月。否則，為正為訛，莫為印定，即難免乖舛也（已通門徑者，自不在此限）。

若言體用何為準，意氣君來骨肉臣。

以十三勢言，中定為體，餘十二字為用。然必練至心能主其形骸，而後體用盡彰。故言體用之準則，以意氣為主。以意氣定，則心君亦定也。

詳推用意終何在，益壽延年不老春。

太極拳之用，不專在弁搏，亦兼導引養形之術。觀其功主柔和，雖勞不極，實有得於導引之精義。以中心靜定為歸咎，尤合於養生之道。

歌兮歌兮百四十，字字真切義無疑。

若不向此推求去，枉費工夫遺嘆惜！

此昭示學者須認明途徑也。不由此途，終非最上妙法，故不免枉費工夫之嘆。

世有不求理解，惟事苦練者，見太極演架之柔緩，輒云苦練尚難增長氣力，如斯練法，何濟於用。此等窾啟寡昧之流，固不足與語。即有取徑甚高，以欠灑落之工，不

能極圓融之妙，其藝能終不免受體力之限制，隨年事為進退。

亦有雖習太極，不達奧旨，必至趨入歧路，似是而非。若此類者，皆將勤而鮮獲，勞而少功，亦可惜也。

‖ 打手要言 ‖

內固精神，外示安逸。

「內固精神」謂心能靜定；「外示安逸」，謂形不矜張。

彼不動，己不動；彼微動，己先動。

待彼先動，乃可得其端倪；感而遂應，貴能後發先至。《淮南子‧兵略訓》曰：「敵先我動，是見其形也。彼躁我靜，則是罷其力也。形見而勝可制也，力罷而微可立也。視其所為，因與之化。」理與此同。

然彼何以必先我而動？彼既動矣，我又何能先之？此必精神內固，持攝力強，乃可以靜守動；又必身體外安，各節相應，乃能意到形隨。是故練己之功，不致因應之際難靈。

此篇兩節：前一節專言練己；後一節乃言因應，義在此也。《傳》曰：「射有似乎君子，失諸正鵠，反求諸身。」拳技之理，亦若是也。

‖ 打手歌 ‖

掤掘擠按須認真，上下相隨人難進。

任他巨力來打我，牽動四兩撥千斤。

引進落空合即出，沾連黏隨不丟頂。

　　掤、摟、擠、按義見上文，掤須向外激出，摟為左右旁拏，擠乃連身平進，按用下抑之力。凡此四勢，上下左右進退之法皆具。

　　採、挒、肘、靠由此變出。採挒即摟之變，靠乃掤之變，肘即擠之變。熟於掤摟擠按四法，則勁路可明，勁路既明，自能通變不竭矣。

　　「上下相隨」，謂身、手、步咸相應也。審能若是，則穩定圓活，無隙可乘，故人難侵入。凡畏巨力者，彼力來而我受之也。如不受其力，反能順勢利用之，則彼之巨力，反為我用，此四兩撥千斤之術也。

　　引進者，引彼之身，使之失中，則重心易於下傾。落空者，使彼力出而失其鵠。力出鵠失，則彼身反被引動；此於物理力學為惰性律之作用。此時彼身不能自由，吾得因而制之矣。

　　合者，於用力起止之際，而變轉其力之方向也。如彼向上進擊而落空，欲收回其力而未及，我即乘勢上格；格時用圈勢由上而下翻，則可轉彼之力，使之傾倒，此之謂合。舉一例諸悉可隅反。

　　戚繼光《拳經》云：「剛在他力前，柔乘他力後，彼忙我靜待，知拍任君鬥。」戚氏說拍為拍位，此即歌訣中之合。實即彼力起止之際之方位耳。

　　沾、連、黏、隨，謂順勢依貼也。丟，謂已與接觸又復離去也；頂，謂兩力相拒也。丟則失機，頂乃鬥力，皆非善巧因應之道，惟有沾連黏隨，乃可乘物遊心，有如轉丸掌中也。

‖ 十三勢 ‖

十三勢者，掤、搂、擠、按、採、挒、肘、靠、進、退、顧、盼、定也。

十三勢可析為四分：前之八勢為手法，進退為步法，顧盼為眼法兼身法，

定之一字兼攝身法、心法。

十三勢中，以定為宗。各勢運用之勝劣，皆準定功為判。茲釋各字之意如下：掤為激出，搂為持掣，擠為迫進，按為抑壓，採為接取，挒為轉折，肘為肘擊，靠為肩撞，進為上步，退為撤步，顧為左旋而左視，盼為右旋而右視，定為處身中正，心靜神凝。

凡角技或應敵，上下肢與身軀、眼、目須互相應合，而運用之妙，存乎一心。心定則時之緩急，方之避就，無不精確。

② 《太極拳講義》之拳論註釋

——山東國術館

‖ 《十三勢說略》註釋 ‖

一舉動，周身俱要輕靈。

純任自然，不用拙力，則舉動自然輕靈。

尤須貫串。

聯絡一氣，綿綿不斷，即為貫串；若勁一斷，彼必乘

虛而入，其害匪淺。

氣宜鼓盪，神宜內斂。

鼓盪者，衝實也。內斂者，神靜之謂也，靜則不亂。故未練之先，神宜內斂。由靜生動，以神貫之，以意引之，磨習既久，始有意之所至，即力之所至之境。

無使有凸凹處，無始有斷續時，無使有缺陷處。

凸凹則不平，不平則間斷，斷則易為人所制；斷續則不圓，不圓則為人所乘。一有缺陷，則彼乘虛而入，此皆致敗之由。

其根在腳，發於腿，主宰於腰，形於手指，由腳、而腿、而腰，總需完整一氣，向前退後，乃得機得勢。

人之呼吸，由頂至踵，呼吸深長，始可完成一氣。上下相合，隨曲就伸。

太極以手指放入，而跌出者，此梢力也。指甲為筋之梢，人身最堅固者筋，最力大者氣。由足跟直發於指，形若炮火，一轟而出，故人不知也。

有不得機、得勢處，身便散亂，其病必於腰腿求之。

如不得機勢，身即動搖不定，心即愴惶不止，此拳術家最大之病。故必須注意於腰、腿。

上下、左右、前後皆然，凡此皆是意，不在外面。有上即有下，有前即有後，有左即有右。

上下、前後、左右之動作，處處必須用於腰腿；外形雖然動作輕靈，而內中須有一意存焉。彼力微著我身，我力直達彼內；彼來成虛，我去成實，此即意之用也。

如意要向上，即寓下意。若將物掀起，而加以挫之之

意。斯其根自斷，乃壞之速而無疑。

交手之時，總是隨機應變，動無定時，隨曲就伸，處處相隨，變化無窮，令人莫測。彼即心神失措，則我勁發必著，自為我制矣。

虛實宜分清楚，一處自有一處虛實，處處總此一虛實。周身節節貫串，無令絲毫間斷耳。

兵家云：「虛則實之，實則虛之」，此舉動必用之要訣也。我拳術家，更當注重，不可忽視。

彼虛我實，彼實我虛，總須我意在先，彼意在後，彼不知我，我獨知人。

氣如車輪，周身聯貫。渙散呆滯，此拳家必戒。交手時，彼身似動未動，我力已至；然而處處只一虛實也。

‖《太極拳經》註釋‖

太極者，無極而生；動靜之機，陰陽之母也。

太，大也，甚也。極者，中也，至也，又窮也；樞紐根柢之謂。陰陽生於太極，為萬物之根本；而太極拳則為各拳之領袖也。

此拳重在鍛鍊精神，運勁作勢，純任自然，不偏不倚，不拘形式；以虛無為本，而包羅萬象，故曰無極。太極本無極，處處分陰陽虛實。故名之曰太極。

然初學者，就有形之姿勢，入手學習，久之著熟，然後懂勁，融會貫通，始能入於神化之境。

機者，巧也，又樞機也。夫動靜無端，陰陽無始，當行功時，中心泰然，抱元守一，未嘗不靜。神明不測，有

觸即發，未嘗無動。於動時，存靜意；於靜中，寓動機。一動一靜，合乎自然。此太極拳之所以妙也。

動之則分，靜之則合。

不動時，渾然一太極；如微動，則陰陽分焉。其靜的姿勢，雖無痕跡可指；然陰陽虛實，已具其中；故曰靜之則合。而功重在虛靜，虛則無所不容；靜則無所不應。學者務須祥察領會，自無不如意也。

無過不及，隨屈就伸。

過，逾也。不及，未至也。就，即也。過與不及，皆為失中。

與人相接之時，隨彼之動而動；彼屈我伸，彼伸我屈，與之密合，不丟不頂。以中為主，自無不合。初學此拳者每失之過迫，稍動勁，則每失之不及，學者宜審慎之。

人剛我柔謂之走，我順人背謂之黏。

人者，敵也。剛，指有力而言。柔，即順也。走者，化也。以柔順變化敵力之方向，不為所制，故曰走。敵施力時，我順其勢而制之，使其就我之範圍，故曰黏。

太極拳，常以小力勝大力為主旨。據常理言之，固然不可；而敵之勝者，必有理在。蓋敵力須加吾身，方生效力。苟能禦制得道，審機應變；以彼力還制彼身，則我雖弱，常居制人之地位，敵雖力大，何由施哉。然非好學深思之士，未足悟此。

動急則急應，動緩則緩隨；雖變化萬端，而理為一貫。

此言與人交手，隨彼之緩急而施之也。然非兩臂圓活，周身鬆靜，實難得相當之效力。

敵雖變化萬端，由一本而萬殊；而我執兩用中，扼萬殊使歸一本，審機應候，守一以臨，設非功深，不易知也。

由著熟而漸悟懂勁，由懂勁而階及神明；然非用力之久，不能豁然貫通焉。

習太極拳，進功自有一定程度，萬不可躐等躁進。此拳之妙，全在用勁（勁字係由功深而練出，不可作力量解）。然勁為無形，必附於有形之著，方合於用。有每恃用勁，輕視用著，手之發也，難以命中，皆不明此中之深理，而濫於用勁之故也。

練此拳術，先求姿勢正確，再求互相聯貫之精神；熟習之後，需求各勢之用法。再由推手，研求懂勁；由微懂，而略懂，進至無微不覺，無時不然，方稱懂勁。再進至非著非勁，而勁自合；以意運勁，以氣代意，精神所觸，莫之能禦。此即階及神明、豁然貫通也。

虛靈頂勁，氣沉丹田，不偏不倚，忽隱忽現。

虛者，空也，無意無形之謂。頂者，頭頂也。頭為全身之綱領，又即拳家之機樞，故運勁於腦，貫神於頂，練神歸一，勿使散亂。道家稱此為上丹田、泥丸宮，即藏神之府；又為練神之庫。夫人大腦主思想，小腦主運勁，且能支配神經，為主宰之樞府。

道家之謂丹田有三：一居頭頂以藏神，一居中脘以蓄炁，一居臍下（臍下三寸）以藏精。氣沉丹田，指下丹田

而言，常用深呼吸，歸納於此，自能氣足神旺。

蓋常人呼吸短促，每至中脘而回（即橫膈膜也），不能下達；因肺力薄弱，循環遲緩之故。

練者應虛心實腹，納故吐新，以心意導精氣於下丹田，則自能血脈靈活，排泄炭養；亦自屹然不動，不易撼倒。但沉者，宜徐徐而下，在有意無意之間，萬不可用力下沉，外鼓小腹；倘若不慎，每致發生腸疝諸症。

不偏不倚者，中正是也。忽隱忽現者，則若顯若沒，變化千端，令人莫測之謂也。

左重則左虛，右重則右杳。仰之則彌高，俯之則彌深。進之則愈長，退之則愈促。

左重左虛者，即解釋與敵黏手，隱現無常之謂也。敵以吾力在左，欲加重吾左方之力使失平衡，吾則虛以待之，敵自墮吾術中；右方亦然。杳則不可捉摸之意，使之處處落空，無何可施。

仰者，升也。俯者，降也。敵欲提我使上，則我因而高之；敵欲抑我使下，則吾因而降之；使彼處處失中，自受吾制；此即黏隨不丟之意。

吾前進時，敵欲順領吾勁，吾即長身隨之，加力擊之，使其無法退避。如吾牽動敵身，彼順我而逼之，我當以佯退轉進之法以施之。倘敵隨之深入，吾則或俯身含胸，或摺疊動搖，或以指促其腕，或旁按兩肋臂彎，使敵急迫不安，無可再進。

一羽不能加，一蠅不能落。人不知我，我獨知人。英雄所向無敵，蓋由此而及也。

此言善太極拳者，感覺靈敏，一觸即知；雖微小蠅蟲，亦不能加之也。練至虛靈不昧，感而遂通，自有不期然而然之境，我一著一意，必須先期而至，不令使之覺察，則我奇幻突出，敵不及防。彼一略動，我意即知，所謂「知己知彼，百戰不殆」，自能所向無敵矣。

斯技旁門甚多，雖勢有區別，概不外壯欺弱，慢讓快耳。有力打無力，手慢讓手快；是皆先天自然之能，非關學力而有為也。

他項拳術頗多，派別不同，姿勢各異，皆不外乎壯欺弱，慢讓快；而太極拳，則不然。

此拳皆以虛靈懂勁，知力審勢為主；貴謀而不貴勇，貴精而不貴多。敏捷力大，皆天賦之能力，與學力實有軒輊之別。

察「四兩撥千斤」之句，顯非力勝。觀耄耋能禦眾之形，快何能為。

「四兩撥千斤」之句，則言太極拳，以小力能勝大力，以無力能制有力。耄耋禦眾，古今常理，如古之廉頗，今之二宋者（世榮、雲鶴二兄弟也，原籍宛平，寄居太古）。雖老尚能勝眾，非恃手足之快也。

立如枰準，活似車輪；偏沉則隨，雙重則滯。

枰準者，中正不倚也。活似車輪者，則氣如滾珠，周身如輪，循環不已，活潑不滯之意也。偏者，單重也。指一端而言。

例如用一圓形、方形二物，由平坦擲出，圓形必滾出數步，而方形幾動即不動矣。一是一端著地，故靈活無

礙。一是兩端著地，則雙重遲滯。故太極拳貴單重，戒雙重。

　　每見數年純功，不能運化者，率皆自為人制，雙重之病未悟耳。

　　此歧正之分野。有數十年苦功者，與數年之拳家較；功深者奔北，功淺者凱旋。此皆不明雙重，不知運化，不悟虛實之病耳。

　　欲避此病，須知陰陽。黏即是走，走即是黏。陰不離陽，陽不離陰。陰陽相濟，方為懂勁。

　　此係解釋雙重之意。陰陽之說，茲不復贅。制敵勁時謂之黏，化敵勁時謂之走；彼高我隨之高，彼低我隨之低；知己知彼，斯為懂勁。

　　懂勁後，愈練愈精。默識揣摩，漸至從心所欲。本是捨己從人，多誤捨近求遠。所謂差之毫釐，謬以千里，學者不可不詳辨焉。

　　懂勁後，為最要關鍵，萬勿稍懈，始獲無窮之益。再向不拘成見，毋彼毋我上面求功夫，方能審微入奧，由悟而覺。所謂「登堂入室」者此耳。

‖《十三勢行功心解》註釋‖

　　十三勢者，掤，捋，擠，按，採，挒，肘，靠，進，退，顧，盼，中定，是也。以心行氣，務令沉著，乃能收斂入骨；以氣運身，務令順遂，乃能便利從心。

　　心與意合，以意行氣，貴沉實，戒輕浮，聽自然，勿勉強。功力日久，自能填髓壯骨。

腹內鬆靜氣騰然，則言以氣運身之意也。只要姿勢平順，自然氣動身至，從心所欲。

精神能提得起，則無遲重之虞。所謂「頂頭懸也」。

精神貫頂，周身自然輕靈；不受拙力之支配，始無遲滯之患。

意氣須換得靈，乃有圓活之妙。所謂「變轉虛實」也。

例如與人相黏，彼力在左，我當擊其右。我似發未發之間，彼已覺察，我當以別法變換，信手而應，攻其不備。此即變換靈妙之意。

發勁須沉著鬆淨，專主一方。立身須中正安舒，撐支八面。

沉著，乃拳家關重之要訣，一時不可忽略；偶一失慎，則必驚慌失措，危害甚烈。

嘗聞某拳術家，功夫亦純，力量亦大。因閒爭而鬥毆，交手之間，身傷數處。忽有人告之曰：「拳術汝忘之乎？」彼即奔騰再較，大獲勝利。

此皆心神忙亂，手足失措，不知沉著之為何物，以致有此極大之失敗也。後有人告之醒，方知己身是一位千變萬化之拳術家，則可再較凱旋。

發勁不可亂發，亂發則無效。必須身鬆氣淨，專一猛施，自能發無不中。其發也，彌六合，則撐支八面何難也。

行氣如九曲珠，無微不到；運勁如百煉鋼，何堅不摧。

此即一氣流動，長行不息之意也。有隙皆通，微空而至；能達四梢，通九竅。順之則行，背之則斷。

勁者，氣之至也。未發也，蘊於內；其發也，突於外。如炮火然。其彈脫口而出，擋者皆傾。此皆一氣蒸發之力也。

行如搏兔之鶻，神如捕鼠之貓。

鶻之敏捷，多在盤旋之時。兩眼觀準機會，猛然進攻，突擊而中；則太極拳以行動之間，倏忽制敵，亦此理也。

貓之為物，最能審機待勢，蓄而後發；其精妙處，全在用神；其功用處，以靜制動。

靜如山岳，動若江河。蓄勁如開弓，發勁如放箭。

山岳之堅，人莫撼動。故言此拳以沉實為主，以川流不息為用。弓張越圓，箭放越速；弓乃富有彈力，箭執於中而後發。故太極拳，誠於中，而發於外，亦此意也。

曲中求直，蓄而後發；力由脊發，步隨身換；收即是放，放即是收。斷而復連。

曲能化勁，直乃發勁。蓄則意之中，發則意之至。脊為內腎之源，又即拳家發勁之關鍵。氣由尾閭上騰，由脊、而肩、而肘、而手指，此皆發勁之意也。步隨身換，則上下相隨也。

收者，內含牽黏，外示弱點；彼身微顫，我即放之，此即乘機而發。放者，內蘊彈簧，彼抗我縮（縮即引也）；彼走我放，所謂「若即若離」。

往復須有摺疊，進退須有轉換。極柔軟，然後極堅

硬；能呼吸，然後能靈活。

摺疊，乃是彎曲截勁之意。必須由轉換中含有進退；似退非退，似進非進，亦即此理。周身柔軟，氣自暢達；偶一用力，氣必阻礙。

堅硬為何？氣之所至也。戒拙力，呼吸自能深長，遍體自然靈活；偶一用力，呼吸自必短促，遍體亦必遲滯。

氣以直養而無害，勁以曲蓄而有餘。心為令，氣為旗，腰為纛。

人之健壯者，氣必深長（由頂至踵）；人之薄弱者，氣必短促（或至中脘而不行）；氣，生命也。其有限制之度量，豈容一絲之消耗？

時有因佩氣，或練氣功者，發生其他之病患，此皆以有限制之氣，用於他處，而應行流動之氣，自必虧損。故拳術家，更當戒之慎之。勁直無存，勁曲有餘。此當然之理，不再贅述。意動氣隨，皆當以腰為主。

先求開展，後求緊湊，乃可臻於縝密矣。

初步練拳，總以周身鬆活開展為主。俗云：「伸筋拔骨（此指初學而言），筋長力大」，誠哉是言也！手足能長，彈力必大；手足短縮，彈力必小。磨習即久，自可由長而短，由大而小，伸縮往來，忽高忽低。放則能彌六合，捲則退藏於密；此即拳家之上乘也。

又曰：先在心，後在身，腹鬆氣斂入骨，神舒體靜，刻刻在心。切記一動無有不動，一靜無有不靜。牽動往來氣貼背，斂入脊骨，內固精神，外示安逸。邁步如貓行，運勁如抽絲，全身意在精神，不在氣，在氣則滯。有氣者

無力，無氣者純剛。氣若車輪，腰如車軸。

　　註：此篇拳論出自 1929 年山東國術館《太極拳講義》手抄本，此篇拳論註釋據傳是由時任山東國術館館長的李景林邀請楊式太極拳名家楊澄甫所編著，關於此說具體是否確切，還須相關學者進一步考證研究。

　　另有田鎮峰所著之《太極拳講義》，其註解與此完全相同，田在書中言此為其所註解，究竟如何，則留於有心之讀者考證可也。

　　但就其註解內容來說，可謂是解說詳盡，註解精闢，是一份很有價值的拳論註解文字，對於廣大太極拳愛好者和研究者來說亦極具參考價值，特收錄於此，以供廣大讀者參研學習。

☯ 李壽籛太極拳經拳論註解

◆ 李壽籛

　　李壽籛（1877──1962），原籍浙江錢塘，寄籍山東諸城，別號悟真子。李壽籛先生自幼習武，曾習少林拳十餘年，後入保定軍事學堂，畢業後參加革命。辛亥之役積勞成疾，風濕病甚重，醫藥罔效。

　　1911 年，遇太極拳名家楊少侯先生，得聞太極拳之

精義及功效，乃扶病從學，數月竟霍然而癒。

隔年，在山東遇武當僧人妙蓮大師（與少侯先生同門），先後從遊八年，乃盡得此拳之奧妙。

李壽籛先生後定居於台灣，先後在機關任教，並在台北市新公園（現為 228 公園）授拳。上世紀 50 年代至 60 年代，在台北傳授太極拳者，以李壽籛、鄭曼青二先生為最著，幾乎無人不曉，知名度頗高。

李壽籛先生晚年迷於靜坐煉氣，不慎出偏，導致肢體癱瘓，後卒於 1962 年 9 月 22 日，享年 85 歲。

‖ 張三豐祖師太極拳經解 ‖

一舉動周身俱要輕靈。

純任自然，不用絲毫拙勁，則舉動自然輕靈。

尤須貫串。

聯成一氣，綿綿不斷，即為貫串，若勁一斷，則為人乘虛而入。

氣宜鼓蕩，神宜內斂。

氣鼓蕩，則無間。神內斂，則不亂。

勿使有凹凸處，勿使有斷續時。

凹凸不平則間斷，即為人所制。斷續則不圓，不圓則易為人所乘。皆致敗之由也。

其根在腳，發於腿，主宰於腰，形之於手指。由腳、而腿、而腰，總須完整一氣。向前退後，乃得機得勢。

人之呼吸由頂至踵。呼吸深長，始能完成一氣。上下相合，隨曲就伸。

太極以手指放人而跌出者，並非手指之力也；其力發於腳，而人不知也。

故變動其根在腳，由腳而上至腿腰，以及手指，無處不應，自然能得機得勢。

有不得機得勢處，身便散亂，其病必於腰腿求之。

不得機不得勢，必是手動而腰腿不動。腰腿不動，手愈有力，而身愈散亂。故有不得力處，必留心動腰腿也。

上下、前後、左右皆然，凡此皆是意，不在外面。有上即有下，有左即有右，有前即有後。

上下、前後、左右之動作，皆須動腰腿，然後才能如意。雖動腰腿，而內中有知彼知己、隨機應變之意在；若無意，雖動腰腿，亦亂動而已。

如意欲向上，即寓下意，若將物掀起，而加以挫之之力，斯其根自斷，乃壞之速而無疑。

與人交手時，務要隨機應變，動無定向，隨曲就伸，反覆無端，令人莫測，使敵顧此不能顧彼。心神失措，自然散亂，則我可乘機而擊之。

虛實宜分清楚，一處自有一處虛實，處處總此一虛實。周身節節貫串，勿令絲毫間斷耳。

練架子要分清虛實，與人交手亦須分清虛實，然全視來者之意而定。

彼實我虛，彼虛我又實；實者忽變而虛，虛者忽變而為實，彼不知我，我能知彼，則無不勝矣。

周身節節貫串，方能虛空粉碎。能虛空粉碎，處處不受牽連，而用之時，始得輕靈變化，運用圓活耳。

長拳者，如長江大河，滔滔不絕也。

太極拳亦名長拳，楊氏所傳有太極拳，更有一種長拳，名稱雖異，其理則同，十三勢者，掤、捋、擠、按、採、挒、肘、靠，此八卦也。進步、退步、右顧、左盼、中定，此五行也。掤、捋、擠、按，即坎、離、震、兌四正方也；採、挒、肘、靠，即乾、坤、艮、巽四斜角也。進、退、顧、盼、定，即金、木、水、火、土也。

太極各式，及掤、捋、擠、按已見前。

原書註云，以上係武當張三豐所著，欲天下豪傑，延年益壽，不徒為武術之末技也。

‖ 王宗岳先師《太極拳論》‖

太極者，無極而生，陰陽之母也。

太者，大也；極者，至也。無極者，沒有到極處，即廣大無際也。空而又空，空而不空。空中有實，即天一生水也。水中生金，是謂之真。即無極之真，而生太極，太極分兩儀，兩儀生四相，四相生八卦，卦卦變化無窮者，是陰陽動盪錯綜，生有爻變也。

太極拳推手，隨機應變，純任自然，處處分陰陽虛實，故名之曰太極。初學者，就有形之姿勢入手學習。久久練熟，然後懂勁，而階及神明。

當行功時，中心泰然，渾然一氣，抱元守一，未嘗不靜。有觸即發，未嘗無動。於靜中生動，動中求靜，一動一靜，合乎自然，此太極拳之所以妙也。

動之則分，靜之則合。

我身不動，則渾然一太極。稍動，則陰陽分焉。其靜的姿勢，雖無痕跡可見，然陰陽虛實之氣，已具其中。故曰：「靜之則合。」而其功重在靜，勁則無所不容，靜則無所不應。武侯曰：「寧靜以致遠。」學者務須詳察領會，無不貫通焉。

無過不及，隨屈就伸。

過者，逾也。不及者，未至也，就即也。過、不及皆為失其中。與人交手之時，隨彼之動而動。彼屈我伸，彼伸我屈，與之密合，不丟不頂。以中為主，自無不合。

初學此拳者，每失之太過，稍懂勁則失之不及，學者宜審慎之。

人剛我柔謂之走，我順人背謂之黏。

人者，敵也。剛是用力，柔是輕鬆，亦順也。走是化也。以柔化敵之力，不為所制，故曰走。敵用力時，我順其勢而制之，使其就我範圍，故曰黏。

動急則急隨，動緩則緩應。雖變化萬端，而理則一貫。

此言與人交手時，隨彼之緩急，則自然沾連不斷。非兩臂圓活鬆靜，不用絲毫拙力，不能相隨沾連如意也。

敵雖變化萬端，由一本而萬殊。而我則執兩用中，扼萬殊成一本。審機應候，守一以臨，非功深者不知也。

由著熟而漸悟懂勁，由懂勁而階及神明。然非用功之久，不能豁然貫通焉。

練太極拳之功夫，自有一定秩序，不能躐等躁進。此拳之奧妙，「勁」字，係功深而練出，不可作力量解。然

勁為無形，每恃用勁，輕視用著。手發出時，難以命中，皆不明此中深理，濫為發勁之故也。

先由著熟，習拳以練體，推手以應用。用功既久，自然懂勁，而神明矣。

虛靈頂勁，氣沉丹田，不偏不倚，忽隱忽現。

虛者，空也。頂者，頭頂也。虛靈頂勁者，即斂神於頂，方能提起精神。故練架子及推手，皆須有虛靈頂勁、氣沉丹田之意。但不可用力去沉，只以意下沉耳。

不偏不倚者，立身中正也。忽隱忽現者，虛實無定，變化不測也。

左重則左虛，右重則右杳。

與人黏手時，覺左邊重，我之左手處，即變為虛。右邊亦然。杳者，即忽隱忽現，令彼不可測度之意。

與彼相黏，彼若用力，我隨其意而化之，不可稍有抵抗，使其處處落空，以彼之力還以制其身也。

仰之則彌高，俯之則彌深。進之則愈長，退之則愈促。

仰者，升也。俯者，降也。敵欲提我使上，我隨而高之。敵欲抑我使下，我即隨之而降。使彼處處落空，自受我制。此即沾隨不丟不頂之意。

彼進，則覺為愈長而不可及。彼退，則覺我愈逼而不可逃。皆言我沾連綿隨，不丟不頂之意也。

一羽不能加，蠅蟲不能落。人不知我，我獨知人。英雄所向無敵，蓋由此而及也。

此言太極拳，感覺靈敏，一觸即知。雖極小蠅蟲，亦

不能加之也。功夫精深者，始能如此。

舉動輕靈，自然人不知我，我獨知人。所謂知己知彼，百戰不殆，自能所向無敵也。

斯技旁門甚多，雖勢有區別，概不外壯欺弱，慢讓快；有力打無力，手慢讓手快。是皆先天自然之能，非關學力極有為也。

以上言外家拳術，派別甚多，姿勢各異，不外乎以快、以力勝人。若遇手快力更大者，則又敗矣。

太極拳則以虛靈懂勁，知力審勢，貴謀不貴勇，貴精巧柔和，不恃快、不恃力，而能勝人也。

察四兩撥千斤之句，顯非力勝。觀耄耋能禦眾之形，快何能為。

此言太極拳之巧妙，以弱勝強，以柔克剛。以四兩撥千斤者，彼雖有千斤之力，我順彼背，則千斤無用也。彼之快乃自動，倘遇有精深太極拳術者，用手黏之，彼動且不能，焉能快乎？

立如枰準，活似車輪。

立如枰準者，有虛靈頂勁，中正不偏倚也。活似車輪者，以腰為主，氣如流珠，周身活潑，無處不隨腰運動圓轉也。

偏沉則隨，雙重即滯。

與人交手時，若兩處與彼相黏，其力平均，則兩相抵抗，是謂雙重。則二人必相持不下，而力大者勝。兩處之力平均，若鬆一處，是謂偏沉。我若偏沉，彼力雖大，亦何能為？我可走化彼之力也。

每見數年純功，不能運化者，率皆自為人制，雙重之病未悟耳。

雖有數年純功，仍有雙重之病，不免為人所制，不能立時運化也。

欲避此病，須知陰陽。黏即是走，走即是黏。陰不離陽，陽不離陰。陰陽相濟，方為懂勁。

欲避雙重之病，須知陰陽。陰陽即虛實也。稍覺雙重，即速偏沉。虛處為陰，實處為陽。雖分陰陽，仍沾連不脫，故能黏能走。

陰不離陽，陽不離陰。彼實我虛，彼虛我實。陰變為陽，陽變為陰。陰陽變化，本無定形，隨彼之動，虛實應付，毫釐不爽，是謂真懂勁矣。

懂勁後，愈練愈精。默識揣摩，漸至從心所欲。

此言練推手。懂勁之後，始能入門，萬不可間斷，必須日日練習，時時揣摩。遇有領悟，即默志於心。心動則身手俱隨，無不如意，技日精進。

本是捨己從人，多為捨近求遠。

太極拳，與人交手，不自作主張，處處從人，逆來順應。彼之動作，必有一方向，則我順其方向而去，不稍抵抗，使彼落空或跌出，皆彼用力太過。

如有一定手法，不知隨彼，是之謂捨近求遠矣。

所謂差之毫釐，謬以千里。學者不可不詳辨焉。

太極拳與人交手時，應在沾連密切之處應付之，所謂不差毫釐也。稍離則遠，失其機矣。

此論句句切要，並無一字敷衍陪襯。非有夙慧之人，

不能領悟也。先師不肯妄傳，非獨擇人，亦恐枉費功夫耳。

太極拳之精微奧妙，皆不出此論。非有夙慧之人，不能領會。可見此拳不能以技藝視之也。

‖ 太極拳八字訣 ‖

三換二捋一擠按，搭手遇掤莫讓先。
柔裏有剛攻不破，剛中無柔不為堅。
與人攻打要採挒，力在驚彈走螺旋。
乘勢進取貼身肘，肩膝胯打靠當先。

按八字訣者，即掤、捋、擠、按、採、挒、肘、靠，八字也。此八字訣為兩敵對壘決勝負之秘訣也。茲述於後。

三換二捋一擠按，搭手遇掤莫讓先。

如與敵推手，已經三換，即三掤、二捋，當知來敵不弱，應以擠按之法制之。

所謂「搭手遇撐莫讓先」，撐者掤也，有掤即不俗，不必多耗光陰，應以當仁不讓之決心先法制人。

柔裏有剛攻不破，剛中無柔不為堅。

世人多以太極拳多不用力，便謂無力。不知外表似柔，內中蓄勁似剛。有守時如處女，動時如脫兔，所謂「柔裏有剛攻不破，剛中無柔不為堅」。若柔如無骨，雖有十年苦功，亦不能當大敵也。

與人攻打要採挒，力在驚彈走螺旋。

假若對方來勢凶猛，當虛以待實，所謂借人之力以順

人之勢，借人之力還以制其人。

採捌者，亦即以逸待勞，所謂四兩撥千斤也。敵來攻擊，先確定地方虛實之點後，便可使用「力在驚彈走螺旋」之訣。

力者，為敵力聚集所在。走者，將敵力化去。驚彈，如鳥被彈。如螺旋之旋轉而落，無堅不入。即極細微之間，將敵力化去，我乘虛而入。又突發放敵人，非直力所能奏效，應以螺旋力撼敵。

乘勢進取貼身肘，肩膝胯打靠當先。

如敵來攻我，我趁勢利用肩、胯、膝三部挺身靠近敵身，使其不及閃挪，再以肘克之。此所謂「乘勢進取貼身肘，肩膝胯打靠當先」是也。

‖ 太極拳虛實行功法歌訣 ‖

> 虛虛實實神會中，虛實實虛手行功。
> 練拳不諳虛實理，枉費功夫終無成。
> 虛守實發術中竅，中實不發藝難精。
> 虛實自有實虛在，實實虛虛攻不空。

練武術者，務需研究虛實之理。不僅太極拳如此，其他武術都如此。唯此中竅要，神妙異常，初學者實難索解。此釋於後。

虛虛實實神會中，虛實實虛手行功。

虛實二字，在技擊上，意義廣大，今舉例明之。虛者，空也。虛則圓轉自如，不為外物所牽引。實為堅固

也。固則滯礙橫生，易為外物所毀，即被動，易受人制。

練拳不諳虛實理，枉費功夫終無成。

習武術者，不明虛實之理，雖有十年苦功，經不得名家一擊。語云「拳不打功，功不打巧」，巧即虛實之理。運用己實，擊人之虛。運己之虛，代人之實，非執一不變之謂。善用虛實，即巧妙機動，戰術也。

虛守實發術中竅，中實不發藝難精。

按此二句為虛實應用之體。遇虛則守，逢實則發。虛守實發，是技擊上不易之法，無上之巧妙。

比如敵以猛力，即「實力」攻來，我不做正面之對抗，以免虛耗元力。待敵撲空，化實為虛時，我乘機而入。

中實不發者，敵虛我實，若不進攻，即失良機。似此不能確定虛實，其功自難精進。

虛實自有實虛在，實實虛虛攻不空。

兵法云：「虛則實之，實則虛之。」善用虛實，則守能堅，功則克，所謂「虛實自有實虛在，實實虛虛攻不空」是也。

雙重行不通，單重便成功。

單重、雙重，即虛實也。雙重則滯，故行不通，即執滯也。拳經云「左重則左虛，右重則右杳」，即分虛實也。

單重則活。活能源轉自如，易於成功。總之實可攻人，但澀滯不靈活。虛易被擊，而圓活靈便。虛實在毫釐之間，純在體會敏捷，使用得當，非筆墨所能形容也。

故練國術者，須有聰穎之資質，多年之功夫。若無名人指導，虛心體會，殊不能豁然貫通，於千鈞一髮之際，迅速識透虛實，方可當大敵也。

‖ 太極拳十三字行功法 ‖

太極拳歌訣十六句，計一百十二字。一字有一字之用，一句有一句之法。字字珠璣，句句錦繡。並釋於後。

掤手兩臂要圓撐，動靜虛實任意攻。搭手捋開擠手使，敵欲還著勢難逞。

按手用著似傾倒，二把採住不放鬆。來勢凶猛挒手用，肘靠隨時任意行。

進退反側應機走，何怕敵人藝業精。遇敵上前迫近打，顧住三前盼七星。

敵人逼近來打我，閃開正面定橫中。太極十三字中法，精意揣摩妙更生。

◆ 釋義

掤：掤者，兩臂撐開如捧圓盤，穩定中心，如盤之承珠。

任敵攻擊，我惟以盤閃展迎擊，惟仍盤不離珠，即不失中心，以中心為迎拒。此即「掤手兩臂要圓撐，動靜虛實任意攻」是也。

比如敵方以按勢反攻，我雖以圓形之掤式承受來敵，須急轉腰胯後吞，含胸拔背，則敵按勢落空，腳底已虛。我急乘虛而入，強敵自摧矣。不得機不得勢。在腰腿求

之。

　　挒：借敵之攻勢，而反擊之謂也。

　　比如兩人推手，敵方以右手掤來，我以右手扶住敵腕，左手黏住敵肘，兩手順勢往懷中右下側挒開。來勢被化，我乘機速攻，聯用擠手，敵人一撲空，必定縮回，不料我迅雷不及掩耳，如怒風襲危牆，不倒也幾希。此之謂「搭手挒開擠手使，敵欲還著勢難逞」是也。

　　擠：乘機突擊之手法也。

　　比如敵使右撇手攻來，我以右手應接敵腕，左手背貼住敵右肘，敵則側身以臂護其右肘，我乘機急以右掌，按住自己左手尺骨處，出其不意，直攻其當胸。敵因側身失其中心，遭此猛擠，無不跌出也。

　　按：按者，如推山入海，勢如奔馬，用兩手按敵雙臂也。

　　比如敵人以掤手攻來，我在敵手將倒未倒之間，中途擊之。此法先以雙手封敵臂，按手向上稍托，以鬆敵勁，再往下按；同時我上身微前傾，使臂、肘、腰、胯、膝、足等功勁，由下而上。

　　剎那之間，如烈風拔樹，將敵按出。所謂「按手用著似傾倒」是也。

　　採：採者，擒也。即兩手黏敵，不即不離，欲擒故縱，準備攻擊之謂也。

　　比如二人交手，兩手互使盤法。覺敵似有怯意，即先法制人，黏住敵臂，使敵入我掌控。此之謂「二把採住不放鬆」是也。

挒：挒者，摔也。即先採後挒，以殺敵之勢也。

比如二人決戰時，敵以全力犯我。我先以採法，黏住敵兩手。再借其凶猛之勢，迅速轉動腰胯；同時一腳後撤，摧枯拉朽，摔敵於自身之外。此之謂「來勢凶猛挒手用」是也。

肘靠：肘靠者，以敵逼近我身，我反守為攻，以肘克之。靠近敵身，使其無迴旋餘地。

比如敵已靠近我身，我兩手不及回收。可急含胸斂腹閃開，以避其鋒。可用臂肘短兵相擊，敵自傾。此所謂「肘靠隨時任意行」。

進退：進退者，即避實乘虛，不即不離，伺機而動。

比如：（一）為活步推手時，敵進我退，即避實之法也。（二）為大捋，即拗步推手反擊敵側，即為乘虛之法。即所謂「進退反側應機走，何怕敵人藝業精」是也。

顧盼：顧者，從容之看也。盼者，迅速之看也。

看準敵手動靜，須有泰山崩於前面不改色。敵微動我先動，此須顧得定、盼得準，所謂「遇敵上前迫近打，顧住三前盼七星」是也。

三前者，眼前、手前、足前。此三前為敵我決勝之場合。七星者，頭、肩、臂、胯、膝、足、手此七部，為我攻敵之利器，亦為被敵攻之弱點。

故目中如夜間七顆明星，明星一動，我已了然，自應付俗如，此之謂顧盼是也。

定：定者，穩定中心也。

比如敵由正面攻來，我迅速邁步，閃開正面，從側或

後面擊敵；或截打敵之腰部，即「橫中」。所謂「敵人迫近來打我，閃開正面定橫中」是也。

以上十三字之意義，均係迅速脫險制勝之法。所謂「太極十三字中法，精意揣摩妙更生」。而實際運用，仍須深刻功夫，再四揣摩，方能奧妙無窮。

註：此編幾篇拳論選自李壽籛所著之《武當嫡派太極拳術》一書，但其拳論註解之部分內容，與太極拳家陳微明所註解之拳論內容有不少相同之處。

經筆者查詢，《武當嫡派太極拳術》一書初版於民國三十三年（1944 年），而陳微明所著之《太極拳術》則出版於民國十四年（1925 年），因此李壽籛先生所註解之拳論內容，應是在很大程度上參考了陳微明先生所撰之拳經拳論註解。有興趣之讀者，可相互對照研究。

☯ 姚馥春、姜容樵拳經拳論註解

◆ 姚馥春

姚馥春（1879──1941），名蘭，字馥春，河北省遵化縣人，著名武術家，為河北形意名家張兆東先生高足弟子，精綿掌、太極、形意、八卦等拳術。

1928 年受李景林先生之邀，姚馥春赴上海，作為發起人之一，在上海成立了「中華國技學會」，後又與其師

弟姜容樵等人成立了「上海尚武進德會」，並任原中央國術館教員。

1929 年浙江省遊藝大會任監察委員，同年與其師弟姜容樵合著《太極拳講義》一書，並於 1930 年由上海、南京兩版印刷發行，南京版為插圖，上海版為姚先生照片，個別拳照由姜先生增補，推手與其子姚士餘合演。《太極拳講義》出版時武術名家、社會名流及當時的黨政要員均為該書題詞作序，張之江、李景林、于右任、張占魁等人為該書題詞寫序；蔣介石為該書作了「自強之道」的題詞，可見該書在當時影響之大。

1931 年姚先生被中央國術館派往江西省擔任國術教師和裁判工作，到 1940 年左右因病返回家鄉，回鄉後仍擔任本縣省立五中和匯文中學等處武術教師。

日本著名中國武術研究家松田隆智先生，1979 年 12 月寫的《中國武術史略》一書，把姚馥春與其師弟姜容樵先生合著的《太極拳講義》一書，稱為研究中國各派太極拳重要參考文獻之一，並稱姚、姜兩先生與內家拳名家王俊臣、韓慕俠、錢松齡等人，同屬河北派中國著名內家拳張占魁先生最有影響力的弟子。

◆ 姜容樵

姜容樵（1891——1974），現代著名武術家、武術教育家、武術理論家。尤精通武當、八卦、形意、太極，以及張占魁所創形意八卦拳等內家拳法。

曾執教江蘇省第十中學。在上海創辦尚武進德會，三

十年代又發起組織「健康試驗社」「擊技試驗社」，1932 年受聘為南京中央國術館編審處處長工作 12 年，主編《國術叢刊》。抗日期間，先生辭離國術館，前赴皖南大學擔任文學、歷史講師三年。

1946 年辭職後，專門從事武術和文藝寫作。抗美援朝時，先生又親送其子赴朝參戰，並收徒傳授武技。先後審定教材數十種，並教授拳械。

1953 年任全國民族形式體育表演及競賽大會武術總裁判。曾多次在全國武術大會上表演形意、八卦、秘宗、陳氏太極長拳、太師鞭、青萍劍、八卦奇門槍等拳術和器械。一生精武通文，著作頗豐，先後編纂出版《寫真秘宗拳》《寫真形意母拳》《形意雜式捶八式拳合刊》《太極拳術講義》《寫真太師虎尾鞭》《寫真太師水磨鞭》《寫真鞭槍大戰》《寫真青萍劍》《昆吾劍》《少林棍法》《八卦奪門槍》《八卦掌》等 28 部學術著作，為武術文化遺產的發掘、繼承和發展均作出了突出的貢獻。

‖ 太極拳譜釋義 ‖

拳譜為清初王宗岳所著，唯遞嬗至今，其中不無訛錯；故市井所傳之太極拳論，多有令人不解之語。

余與姚君馥春，得抄本於湯君士林，並得湯君詳細解說。其原文較世所傳者多三分之一，皆太極之要訣，茲特

筆述於後，以公同好，並加註釋，凡括號、抬頭處皆原文，低行註解也。

‖ 歌訣一 ‖

順項貫頂兩膀鬆，束烈下氣把襠撐。

胃音開勁兩捶爭，五指抓地上彎弓。

（胃音、束烈等字，皆存原文）

◆ 註解

虛靈頂勁，氣沉丹田，提頂調襠，心中力量，兩背鬆，然後窒。

演式時，每一架子，均須有虛靈頂勁、氣沉丹田之意。虛靈者，意貫胸海也。頂勁者、頭頂項豎也。週而復始，氣注丹田。

提頂，使尾閭之脊骨與頸項直貫，有上提之意。調襠，係拿住丹田之氣，勿使外溢。穀道提起，如忍糞狀。心中力量，即完全用意，而非用拙力也。窒，折實之謂也。

開合按勢懷中抱，七星勢，視如車輪，柔而不剛。

每一開合，或攦、按式皆伸縮其勁，發動如在懷中。七星勢，即手足姿勢方位像其形，視如車輪，隨腰運動，完全用意不剛。

彼不動，己不動；彼微動，而己意已動。

遇敵之時，敵不動，我亦不動。敵方微動，其動意中之方向，而我之意已隨其方向而先動。此非知彼知己之

謂，乃不見不聞即可知覺之化境也。

由腳而腿，由腿而身，練如一氣，如轉鶻之鳥，如貓擒鼠。

其根全在兩足，再發於腿，由腿而身至腰，由腰至頂，練成一氣。鶻鳥為搏兔之鷹，旋轉無定；亦如太極之氣，隨意志動作不停也。如貓擒鼠，非謂其速，實言其靜以蓄勢，動則手、足、心意齊到，純以神行耳。

發動如弓發矢，正其四體，步履要輕隨，步步要滑齊。

發動如拉滿弓，放箭便至。頭頂項豎，四體中正，自然安適。邁步要輕靈相隨，任何動作不可歪斜，亦不可停滯。任何步法又要整齊，此即步步要滑齊也。

‖ 歌訣二 ‖

　　舉動輕靈神內斂，莫教斷續一氣研。
　　左宜右有虛實處，意上寓下後天還。

◆ 註解

一舉動，周身俱要輕靈，尤須貫串。

演式概不用力，則愈長內勁；周身自然圓活、靈通。貫串者，式式聯絡，綿綿不斷也。不貫串，則式斷，斷則有隙可乘，此太極所最忌。

氣宜鼓蕩，神宜內斂。無使有凸凹處，無使有斷續處。

氣宜鼓蕩者，天然之深呼吸，不可間斷，凝神斂志，

則心意專一。

演式時，需要心平氣和，動作、姿勢與心意，皆不可有凹凸處，更不可有斷續時。心不平、式不平，易為人制；有斷續，易為人乘，皆太極之病也。

其根在腳，發於腿，主宰於腰，形於手指；由腳、而腿、而腰，總須完整一氣。向前退後，乃得機得勢。

演式時，心與意、意與氣、氣與力，其根由腳而發於腿，由腿而腰，由腰而頸項、顧頂，至於手、指、臂、腕，總如一氣之完整。遇敵時，任憑前進後退，無不得心應手。以足為根，形意、八卦亦然，太極則更不可輕忽也。

有不得機得勢處，身便散亂，其病必於腰腿求之。

上下不相隨，手動腳不動，便是不得機、不得勢，因而身法散亂。凡演式不得力，其弊定在腰腿，當於斯求之。

上下、前後、左右皆然，凡此皆（在心）意，不在外面。有上即有下，有前即有後，有左即有右。如意要向上，即寓下意，譬之將植物掀起，而加以挫折之力，其根自斷，損壞之速乃無疑。

每欲上下、左右、前後，皆須先動腰腿。以上所論，皆是心與意，而非皮與骨。心意專一，上下、前後、左右乃得隨機應變之妙。

否則意志不專，易入旁門。

意欲襲敵上部，卻寓顧下之意，使敵不易捉摸；譬之植物，而先挫其根，其本損壞，標將焉託。即向上要寓下、向下而寓上也。

虛實要分清楚，一處自有一處虛實，處處總此一虛實。周身節節貫串，無令絲毫間斷耳。

演式時，要分別何處虛、何處實。敵實我虛，敵變虛，則我忽實。雖一處有一處虛實，然明此一虛實，處處亦皆此一虛實也。彼重我輕，不丟不頂。

演式時，一面動作，一面呼吸，運用自然，節節貫通，四肢百骸，處處虛空。雖虛空，而節節又能貫串，如百節蜈蚣，一處行動，百節靈活，決無間斷之弊。太極亦此意耳。

‖ 歌訣三 ‖

拿住丹田煉內功，哼哈二氣妙無窮。
動分靜合屈伸就，緩應急隨理貫通。

◆ 註解

拿住丹田之氣，煉住元形，能打哼哈二氣。

氣沉丹田，不使外溢，如兩手之掰（《ㄅㄞ ˋ 兩手合拿）物然。煉住元形者，即迴光返照、抽坎填離，返後天歸先天也。

元形不散，發手堅實。沉著而伸，擋之者無不披靡，故曰哼氣、哈氣，亦即吸氣曰提、曰縮、曰收。遇敵時，手足與心意並吸，能吸得人起，或虛其隙，使其自仆，故曰哈氣。

太極者，無極而生，陰陽之母也。動之則分，靜之則合。無過不及，隨屈就伸。

陰陽不分為無極，無極而生太極，是陰陽、虛實分也。我身一動，則陰陽分焉，即太極也；我身不動，渾然無間，則陰陽合焉，即無極也。

遇敵時，彼動我知，彼進我隨，息息相合，雖彼意毫釐之末已動，然我已先彼及之。

人剛我柔，謂之走；人背我順，謂之黏。

敵用剛襲，我以柔化之，即謂之走。敵剛我柔，敵力失效，謂之背。敵背，我即順。趁其勢而黏隨之，無不應手奏效。

動急則急應，動緩則緩隨。雖變化萬端，而理與性唯一貫。由著熟而漸至懂勁，由懂勁而階及神明。然非用力之久，不能豁然貫通焉。

敵急我以急應，敵緩我以緩隨。以敵之緩急為緩急，自能沾黏不脫。

沉肩墜肘，手有立樁，斯可言緩急相應。敵動之方向，雖變化不定，而吾之沾黏隨之。理法與個性則一也。愈練愈精，漸至懂勁，由懂勁，而漸至變化。用功愈久，則豁然貫通而神明矣。

‖ 歌訣四 ‖

忽隱忽現進則長，一羽不加至道藏。
手慢手快皆非似，四兩撥千運化良。

◆ 註解

不偏不倚，忽隱忽現。左實則左虛，右重則右輕。

演式時，身體要中正，不可左歪、不可右斜，忽而虛隱、忽而實現，變化不定，出沒無常。

敵出手左邊實，吾之左邊與敵黏運處，立變為虛；敵出手右邊重，則吾之右邊與敵黏運處，即變為輕。虛輕者，化勁也。一用頂勁，即太極之病。總使敵不可捉摸，處處落空，乃為至善。

仰之則彌高，俯之則彌深。進之則愈長，退之則愈促。

敵仰攻，則覺我高不可攀，可望不可即。敵俯就，則覺我深不可測，邃陷猶如湓海。敵近手足以襲我，則覺我愈長而不可及。敵退走，則覺我蹤其後，愈迫愈近，無處可避。斯言，初學者讀之，率皆懷疑，一旦領悟，自可得其理與法也。

一羽不能加，蠅蟲不能落。人不能知我，我獨知人。雄豪所向無敵，蓋皆由階而及也。

太極拳至入化境，誠有不見不聞之知覺。不丟不頂，稍觸即應。雖羽毛之輕、蚊蠅之微加諸身上，亦能預知而不容，其感覺靈敏如斯。

我之動作，敵不能知，敵之去向，我能預防，自然戰無不勝，攻無不取。

蓋皆由初步而進階，始能及此境也。

斯技旁門甚多，雖勢有區別，概不外乎強欺弱、慢讓快耳。有力打無力，手慢讓手快，是皆先天自然之能，非關學力而有也。

國術名稱極多，雖各有派別，然皆不外以強有力而欺

弱，以手快勝手慢。

　　凡有力者打無力，手快者勝手慢；如遇其力大我十倍者，則我之立於敗地又立判矣。是皆各人先天自然之本能，並非由道理中所學而得者也。

　　察四兩撥千斤之句，顯非力勝。觀耄耋能禦眾之形，快何能為。立如秤準，活似車輪，偏沉則隨，雙重則滯。

　　練太極達到至虛，其神妙能以四兩氣力撥動千觔。年登大耋之人能禦多數之敵，由斯觀之，絕非有力與快，便可取勝也。

　　立式如同秤，稱之準確。頭頂項豎，氣貫丹田，演式圓轉，以腰為軸，手足臂膀自然活似車輪。

　　敵用力，我鬆勁敵，敵雖力大，而我可化走，是為偏沉則隨。敵用力，我亦用力，二人互相抵抗，卒為力大者勝，是為雙重則滯，乃太極之最忌。

　　每見數年純功不能運化，率自為人所制者，雙重之病未悟耳。欲避此病，須知陰陽。黏即是走，走即是黏；陰不離陽，陽不離陰，陰陽相濟方為懂勁。

　　治技若干年，練習甚熟，惟運用不化，出手仍為人制，是其雙重之病仍未徹悟。

　　欲避雙重之病，須知陰陽。

　　陰陽者，虛實也，亦奇正也。遇敵時，如覺雙重，我即偏沉，虛為陰，實為陽，敵虛我實，敵重我輕，黏著便走，走亦能黏，奇出可變為正，雖正立能變奇。奇正虛實，我不自主，皆隨敵之動作而變化。能黏能走，知陰知陽，始能應付裕如，而可謂之懂勁矣。

懂勁後，愈練愈精，默識揣摩，漸至從心所欲。本是捨己從人，多誤捨近求遠。所謂差之毫釐，謬以千里，學者不可不詳辯焉。

能黏能走，知陰知陽，謂之懂勁。懂勁後，仍須朝夕研習，愈練愈有進步，自己默化揣摩，鎔之與心，鑄之於手、眼、身、步。心動意至，手足隨之，無不從心所欲，如願以償矣。

太極拳遇敵交手完全被動，而非主動，任何動作，皆隨敵之方向、動作而動作；不許雙重，注意偏沉，若用固定著法而襲敵，一味抵抗，是謂捨近求遠，動輒反為人制，所謂以差毫釐即謬千里，故太極之極細微處，亦不容輕忽。蓋稍縱即逝，其機必失，學者應視為玉律金科者也。

此論句句切要，並無一字陪襯，非有夙慧之人，未能悟也。先賢不肯妄傳，非獨擇人，亦恐枉費功夫耳。

此論句句切中要竅，絕無一字敷衍，是非聰明智慧之士，未易領悟；並非先賢擇人而傳，實恐傳非其人，枉費工夫耳。

‖ 歌訣五 ‖

> 掤捋擠按四方正，採挒肘靠斜角成
> 乾坤震兌乃八卦，進退顧盼定五行

◆ 註解

（長拳者，如長江大河滔滔不絕也。）

長拳有北派之長拳，有廣平之長拳，雖姿勢有別，其理則一。今人多以十三勢為長拳，殊不知十三勢外另有一長拳，王宗岳之順項貫頂兩膀鬆之歌訣，既拿住丹田之氣，並披閃擔搓之，皆論指此長拳而言也。

‖ 十三勢 ‖

十三勢者，掤、捋、擠、按、採、挒、肘、靠，此八卦也；進步、退步、左顧、右盼、中定，此五行也；合而言之曰十三勢。掤、捋、擠、按，即坎、離、震、兌四正方也；採、挒、肘、靠，即乾、坤、艮、巽四斜方也；進、退、顧、盼、定，即水、火、金、木、土也。

以上係三豐祖師所著，欲天下豪傑延年益壽，不徒作技藝之末也。十三勢批註已見前章及講義中。

‖《十三勢歌訣》註釋 ‖

十三總勢莫輕視，命意源頭在腰隙。
變轉虛實須留意，氣遍身軀不少滯。
靜中觸動動猶靜，因敵變化示神奇。
勢勢揆心須用意，得來不覺費功夫。
刻刻留心在腰間，腹內鬆淨氣騰然。
尾閭中正神貫頂，滿身輕利頂頭懸。
仔細留心向推求，屈伸開合聽自由。
入門引路須口授，工夫無息法自休。
若言體用何為準，意氣君來骨肉臣。
詳推用意終何在，益壽延年不老春。

歌兮歌兮百卅字，字字真切義無遺。

若不向此推求去，枉費功夫貽嘆息。

◆ 註解

氣貼背後，斂入脊骨。靜動全身，意在蓄神。不在聚氣，在氣則滯。

氣沉丹田，使貼背後，提肛運用，收斂入於脊骨，直可順項貫頂。靜中觸動，動即全身，而並非一部分單獨之動作也，其意在斂氣蓄神，神足氣整自變化從心。切忌聚氣，氣聚則滯，不惟淪入外家，其害更有不堪設想者，可不慎歟。

內三合與外三合

心與意合，意與氣合，氣與力合，是為內三合。手與足合，肘與膝合，肩與胯合，是外三合，共為六合也。

‖二十字訣‖

披閃擔搓歉，黏隨拘拿扳。

軟掤摟摧掩，撮墜續擠攤。

【**披**】分也，開也，裂也。《史記》：「披山開道，不折不披。」《漢書》：「披心腹，見情素。」吳均詩：「細葉能披離。」司馬相如賦：「漢軍皆披靡。」《漢書》：「披露肝膽。」

太極拳中，由側方分進曰「披」。此手法太極長拳中最多，十三勢中較少。

【閃】躲避也，側身避之，俗謂之「閃」。瞥然一見曰閃。《魏略》曰：「日嘗自於牆壁門窺閃。」杜甫詩：「閃閃浪花翻。」《隨書》：「觀其走馬，稱為閃電，喻其速也。」

在太極拳中，不頂而側讓，不丟而黏之為「閃」，非全空也。

【擔】負也，任也。《國策》：「負書擔囊。」《左傳》：「弛於負擔。」《管子》：「負任擔荷。」

在太極拳中，任敵襲擊，待其將著身時，負其攻勢下鬆，以化其勁曰「擔」；並非擔擋敵人之擊，或擔出敵人之手足也。

【搓】手相磨也。陸游詩：「柳細搓難似。」

在太極拳中，我之手腕臂肘與敵之手腕臂肘相摩擦，試其勁之去向，敵進我隨之退，敵退我趁勢攻，沾黏不脫，中含圓滾之意。

【歉】不足也，能仄不盈，試敵之謂也。出手不可太滿，總要留有相當之尺寸，否則一發無餘，非太極矣。

【黏】沾也，染也，相著也。膠附曰黏。韓愈詩：「土脈膏且黏。」楊維楨詩：「香黏金鐙鞭憶微兜。」

在太極拳中，纏繞不脫，不即不離，人背我順，隨機變化。

【隨】從也，循也，順也。《禮》：「父之齒隨行。」《易》：「隨時之義，大矣哉。」杜甫詩：「曉妝隨手抹。」《漢書》：「求黨與，索隨和。」

在太極拳中，敵為主動，我為被動，循其後而行，所

謂亦步亦趨也。

【拘】執也，取也。《書》：「盡執拘以歸於周。」王安石：「我方官拘不得往禮。必加帚於箕上，以袂拘而退。」

在太極拳中，乃趁勢拘住敵人手足臂腕而繫之也。

【拿】擒也，牽引也。《史記》：「漢匈奴相紛拿。」擒住敵人各部，曰拿。攫點敵人脈穴亦曰拿。順勢攀引亦謂之拿。

【扳】挽也，援也，牽制也。《公羊傳》：「諸大夫扳隱而立之。」《諸葛武侯文》：「足以扳連賊勢。」

太極拳中，以挽住敵人各部為扳，順勢牽制敵人各部亦曰扳。

【軟】柔也。王維詩：「時降軟輪車。」白樂天詩：「蒲輪駐軟車。」《漢書》：「坐罷軟不勝任者。」施肩吾詩：「酒人四肢紅至軟。」《唐書》：「彼委靡軟熟。」

在太極拳中，不許用拙力，而聽其天然之沾黏力，用以探敵之勁，然並非一味只虛無力也。

【掤】詳前章。

【摟】曳也，持也。《孟子》：「摟諸侯以伐諸侯者也。」握持或拽抱敵人之手腕臂膀，使不得脫曰「摟」。

【摧】折也，挫也。《史記》：「梁柱摧乎。」司馬光詩：「空使寸心摧。」《南史》：「所至無不摧陷。」《宋史》：「摧堅陷敵。」《晉書》：「將軍之舉武昌，若摧枯拉朽。」

在太極拳中，能摧剛折柔，乘勢以挫敵鋒，陷其中堅而折之亦曰「摧」。

【掩】遮也，蓋也。《禮》：「處必掩身，又，大夫不掩群。」《通鑑》：「掩耳盜鈴。」近世軍用語：「掩護射擊。」在太極拳中，遮避之而襲敵「掩」，閉守敵攻覆護以化其勁，亦曰「掩」。

【撮】聚也，採取也。《中庸》：「一撮土之多。」《漢書》：「撮名法之要。」

在太極拳中，以手指取敵各部，或點其穴皆曰「撮」。

【墜】落也，隕越也。《列子》：「杞人有憂天墜者。」《莊子》：「墜亦不知也。」《左傳》：「弗敢失墜。」《論語》：「未墜於地。」

在太極拳中，處處要墜。即為敵所牽挽，我沉肩墜肘，如萬鈞重，再乘其隙以襲之，無不應手奏效。

【續】連也，繼也。《史記》：「此亡秦之續耳。」白樂天詩：「低眉信手續之彈。」杜甫詩：「煎膠續絃奇自見。」

在太極拳中，能懂勁始可言續，沾黏不脫，式式貫串，其勁似斷而意仍續連也。

【擠】詳前章。

【攤】開也，展也。陳設以手布製曰「攤」。

太極有開合之勁，合而不開，其勁究窄，放手亦嫩，是為太極之病。近世有開合太極之說，故一開無不開，不惟吐放舒展，且可堅實著力，吾師兆東先生所傳之形意後手在根節，亦此意也。

骨節相對，開勁攀梢為陽，合披坑窰相照，分陰陽之義；開合，引進落空，分寬窄、老嫩、入筍不入筍，有擎

靈之意。

　　骨節貫串，動作靈活，開勁宛如扳挽梢節，至於極點則為陽；合勁又似披入坑窯，與陽相照，是焉陰。陰陽之義，繇斯分焉。

　　開合牽引、進退起落，使敵處處空虛，惟分尺寸暢仄，工夫久暫，至練神還虛，乃能式法完備，放手中的，曰老。用功雖久，滯澀忒甚；出手無著曰嫩，其弊則於得入訣竅，或不得之竅判之。然須有虛靈之意，其庶幾焉。

　　斤對斤，兩對兩，不丟不頂，五指緊聚，六節表正，七節要合，八節要扣，九節要長，十節要活，十一節要靜，十二節抓地。

　　敵發一斤力，我用一斤力應之；敵發一兩力，我亦一兩力隨之。力雖相等而非對抗，乃試其勁，黏隨之意，既無雙重之弊，自然不丟不頂。

　　虎口要圓，拇指分領，四指彎曲，如抓圓球，即緊聚也。中節、梢節、根節俱要安舒中正，尤須處處相合。肩扣、胸扣、手足臂腕均要引長，並非一發無餘之長，實鬆肩沉肘之謂也。

　　雖四肢百骸靈活，然仍須動中求靜，雖靜尤動，呼吸動作自無魯莽滅裂之弊；進前退後之步法，皆極輕靈，其意又似抓地。

　　三尖相照，上照鼻尖，中照手尖，下照足尖；能顧元氣不跑不滯，妙令其熟，牢牢心記。

　　演式時，手尖、鼻尖、足尖，式式相照，方能顧住元氣，元氣不散，無僨張疾走之害，亦無滯澀停頓之虞，妙

在功純,切要牢記。

能以手望槍,不動如山,動如雷霆,數十年工夫,皆言無敵,果然信乎?高打高顧,低打低應,進打進乘,退打退跟,緊緊相隨,升降未定,沾黏不脫,拳打立根。

能以手望槍,並非以空手,敵長槍,繫手可槍用,巍立不動,穩如泰山,動則如迅雷不及掩耳而閉目如此,練習數十年,遇敵交手,當者無不披靡。

敵由上方襲我,我趁其來勁而迎化之,亦顧上之意也。敵由下方襲我,我由下方以應之,敵進我乘,敵退我跟,上下相隨,前後緊迫,一味綿綿不斷。立根者,手足須有立法也。

‖《十三勢行功心解》註釋 ‖

以心行氣,務令沉著,乃能收斂入骨。以氣運身,務令順遂,乃能便利從心。

氣之所至,心與意亦俱至,是為以心行氣。惟心意、手足均要沉著,則氣始可收斂入骨;氣能收斂入骨,而技藝日精,並能行氣周流全身,氣運全身。處處需要順遂,不可有絲毫阻滯,明乎此,變化從心,不踰矩焉。

精神提得起,則無遲重之虞,所謂頭頂懸也。意氣換得靈,乃有圓活之妙,所謂變轉虛實也。

拿住丹田之氣,頭頂項豎,則精神自然提起,因而動作如意,絕無遲鈍笨重之弊,是即所謂頭項懸也。

遇敵時,心意與氣勁換得靈通,自無拙力,無拙力乃能圓活如意,既得圓活之妙,變化、轉側、虛實無不得心

應手矣。

發勁須沉著鬆淨，專主一方；立身須中立安舒，撐支八面。

放勁時，需要沉著，處處又要鬆勁，不許摻雜意念，而後始淨，意志專一，無論敵來襲擊，上下、前後、左右皆能隨意應付。

蓋我之精神專注，意與氣無不俱到。

頭頂項豎，立身方能中正；氣沉丹田，百骸自然舒適；意定樁穩，不惟撐持八面已也。

行氣如九曲珠，無微不到；運勁如百煉鋼，何堅不摧。

行氣周流全身，如同串珠，圓轉靈通，四肢百體，雖極微處，苟心意所注，未有不立至者。由脊而頸而顱頂，回光而下，由胸降至丹田，皆極圓也。

太極用內勁，不尚拙力，吐放之勁似若無力，實如百煉之鋼，雖至堅極剛，擋之無不挫折。

形如搏兔之鶻，神如捕鼠之貓。靜如山岳，動若江河。

動作之形，如搏兔之鷹，旋轉無定。其神意又如擒鼠之貓，靜如試敵，蓄勢待機，動則一發便至。

靜如山岳巍巍不動，言其沉著結實也；動若江河漲落不時，言其滔滔不斷也。

蓄勁如張弓，發勁如放箭，曲中求直，蓄而後發；力由脊發，步隨身換。

蓄勢待敵，如拉滿弓；發勁迅速，猶如放箭。我用沾黏以化敵勁曰曲，既已化敵勢，必乘隙直攻，是謂曲中求直，有隙可乘，蓄勁盡可發出。

鬆肩含胸，氣貫丹田，遇敵放手，其勁由脊背催出，力貫甲梢，姿勢方向，轉動步法，隨身變換。

收即是放，放即是收，斷而復連，往復須有摺疊，進退須有轉換。

沾黏為收，擊敵曰放。沾著黏著，趁勢便可放勁。雖擊中敵，依然沾黏不脫，其勁似斷而意仍復沾連。

摺疊者，即變化橫豎也。其往來之橫豎，虛實不定，要有知覺；進前退後，必須變換；隨機進退轉換，亦要奇正相生，進亦是退，雖退仍能中敵也。

極柔軟，然後極堅剛；能呼吸，然後能靈活。氣以直養而無害，勁以曲蓄而有餘。

演式時，愈柔軟，內勁愈增，導而行之，然後由極柔而極剛；非純剛不柔，乃柔中實剛也。

天然之呼吸，為哼哈二氣之基。氣隨意至，進退靈活，養氣用深呼吸，使其直歸於丹田，是為浩然之氣，緩緩下沉，可以常存。外家呼吸不能貫徹，故僅能達於中脘，且常聚氣鼓腹，久之氣滯，神態呆板矣。

能使心意導氣於丹田，日積月累，氣周全身，遇敵時，曲力蓄勁，待機而動，一發必中，則敵不及避讓矣。

心為令，氣為旗，腰為纛。先求開展，後求緊湊，乃可臻於縝密矣。

心為元帥，以發令使號，氣為號令之旗，受命立刻分發四肢，即五營四哨也；腰為大纛，屹立中軍，不偏不倚，監督手足之運用，亦即五營四哨之攻敵也。

無論演式推手，需要開合，開合得法，各部暢適，動

作如意。所謂後求緊湊者，非一味窄仄，亦非一味速快，乃由開展後、收回時求緊湊，是能放能收之意，亦倦之則退，藏於密，動分靜合也。

又曰：先在心，後在身；腹鬆淨，氣斂入骨；神舒體靜，刻刻在心。切記一動無有不動，一靜無有不靜。

太極拳以心意為基礎，以身體為作用，亦如今之以中央為主，發號使令之意義相同。肚腹須任其自然鬆開，氣沉淨方能斂入脊骨。氣斂入骨，神意自然舒適，全體無不安靜，由靜而整，自無過與不及。

時刻在意，幸勿滑口，內與外合，聯絡一氣。故手與足動，心意隨之俱動；心與意靜，手足亦莫不皆靜。練習日久，始可得此妙處。

牽動往來，氣貼後背，斂入脊骨。內固精神，外示安逸。邁步如貓行，運勁如抽絲。

遇敵相搏時，進退不定，故能牽動往來，最易氣浮；氣浮樁法必輕，易為敵人撼動。須鬆肩含胸，沉氣提肛，氣由背後收斂，直貫脊骨而入各部，氣整則精神自固，外表仍示以安適，靜逸若無事者。演式時之步法宛如貓行，輕靈無聲，聯絡不斷，連勁則如抽絲，循環相連，收縮貫串，則無斷續之弊矣。

全身意在精神不在氣，有氣者無力，無氣者純剛。氣如車輪，腰似車軸。似鬆非鬆，將展未展，勁斷意不斷，藕斷絲亦連。

全身意思皆用精神，不尚絲毫拙力，專習運氣鼓腹者，雖有氣而無內勁，是為後天之濁氣；無先天之浩然

氣，則純剛不柔。

呼吸養氣循環如車輪，旋轉不一。腰似車軸，則如中樞能使先天之氣遍輪全身，毫無阻滯。

遇敵時，似鬆則又不鬆，將放卻又不放，總以沾黏連隨、以敵之進退為目的，凝神蓄勢，遇隙而發放，勁似斷而心與意仍未斷也。

以上原文相傳為王宗岳著，余與姚君馥春得乾隆時之抄本，復得光緒初年之木版書，與近世所傳者大同小異，其理與法則一耳。

☯ 吳孟俠、吳兆峰《太極拳九訣》註解

◆ 牛連元

牛連元（1851──1937），民國時期南方富商，常往來京津間做生意。其貨物多由水路進入天津，再銷往北京。在天津有結義兄弟李壽泉，在京則與楊班侯相識相知，結為金蘭之義。每次進京時亦多住楊班侯家，同時從楊班侯學習太極拳藝十幾載，得楊班侯所傳《太極拳九訣》和太極拳精髓，頗有造詣。

因其不以授拳為業，僅將楊班侯所傳之拳再傳給盟弟李壽泉之婿吳孟俠。

◆ 吳孟俠

吳孟俠（1906──1977），原名彩翰，福建人。少年

好武，尤喜太極拳、形意拳和八卦掌。太極拳得傳其岳父之盟兄、楊班侯傳人牛連元。

1937 年「七七」事變後，在重慶組建「中華國術會」，後任中央國術館編審處長。抗戰勝利後，在天津和平區建設路壽德大樓與其兄吳兆峰創建「廣華哲宗同易武術社」及「葆真八卦掌房」，設場授徒。

1958 年，由吳孟俠、吳兆峰合著的《太極拳九訣八十一式註解》出版，首次公開了楊班侯所傳之太極拳秘譜，其內容深受廣大太極拳愛好者和研究者所重視。

吳孟俠的主要傳人，1949 年前有劉子誠、王子任、李壯飛、牛明俠，及其胞兄吳兆峰等。這些大多以「代師傳藝」的形式傳授，不稱師徒。1949 年後的主要傳人有吳光普（子）、彭過恩、蒙玉璋、馬玉良、李紹江、呂朋敬、張蔭深、李春奎、齊德居、余承鏞等。

◆ 吳兆峰

吳兆峰（1904——1966），吳孟俠之胞兄，與其弟同在八卦掌名家高義盛門下習技，後旅居國外，抗戰勝利後由美國回到天津，與吳孟俠同組「廣華哲宗同易武術社」及「葆真八卦掌房」，設場授徒。1958 年與吳孟俠合著《太極拳九訣八十一式註解》。

‖《全體大用訣》註釋 ‖

「全體大用」是說明太極拳大功架全套的練法，內中有體有用。體，就是拳中的主體；用，就是拳中姿勢的運用。它的主體有十三字，即掤、捋、擠、按、採、挒、肘、靠、進、退、顧、盼、定，用法是全套姿勢在演練中的技擊方法和體用相和的道理。

茲逐句註解如下。

太極拳法妙無窮，掤捋擠按雀尾生。

太極拳除了鍛鍊身體、增強體質的功能以外，在練和用的方法上也是具有特殊的妙處的。在它的開始式子攬雀尾裏面，包含著掤、捋、擠、按四個動作，組成十三字主體中的精華。

斜走單鞭胸膛占，回身提手把著封。

「斜走單鞭胸膛占」：按照練法來解釋，在技擊方面如果對方用左手迎面打來，我急以右手勾掛來手，同時以左手擊其胸部，是連顧帶打、以守為攻的用法。

在進左手的同時，左腿要直向對方的襠中衝進，就是要左手左腿同時進擊，對方自會被擊跌出（*左右用法相同*）。

「回身提手把著封」：是用在互相接觸時的搭手法，例如，左臂做提手姿勢時，要用左手緊護住右肘與右手的中部，以封閉對方的來手和進著之用。

海底撈月亮翅變，挑打軟肋不容情。

海底撈月式，是以腰勁為全身活動的主要樞紐，就是

　　對方用腳來踢時，要急低身撈對方的來腿，同時跟著變成白鶴亮翅的式子。

　　挑打軟肋是白鶴亮翅的用法。如果對方以右手迎頭打來時，我用左手和臂急向上迎挑之。在挑架的同時，進右手直向對方軟肌橫擊，動作要迅速，使對方來不及還手而被擊出。

摟膝拗步斜中找，手揮琵琶穿化精。

　　對方如果以腳踢來，要是高不過膝時，急屈身以手向下摟之。用此式摟時要「大摟」。

　　所謂大摟，是護著全身正面和膝下兼顧的防禦法。因為在摟的時候，對方要同時向我胸腹或迎面打來，不能單純用防腳踢的手法，在用左手摟迎對方的來勢時，要同時發右手直奔對方的右肩頭擊去，路線是斜方向進擊，因為「斜中找」可以使對方失掉重心，被擊跌出。

　　手揮琵琶的用法是，如果對方以右手向我的正胸打來，我即以左手向右撥打，同時急用右手自下向上穿出，把對方的來手迎住，以靜待動，看對方的轉變再進著。

貼身靠近橫肘上，護中反打又稱雄。

　　俗話說「遠拳近肘靠身胯」，就是說當靠近對方時，要用肘擊之法。

　　例如，在我用雙手捋住對方的手和臂使用捋法時，對方趁著我用力捋帶的勁，進步用肩頭向我胸部順勢衝撞打來，這時我急屈肘向外橫擊，對方自可跌出。因為對方用肩頭來撞，他的來勁是直線的，或者說是豎勁，我用屈肘迎擊，是取橫線，使對方的來勁向外洩出，這種著法在太

極拳十三字主體裏，占一個「肘」字。

護中反打是用肘的方法。此法和橫肘用法迥然不同。

例如，我右手和對方右手接觸時，以左手從右腕下撥迎對方的來手，同時進步以右肘尖向對方胸部頂擊，對方必用左手掩護，此時用我左手順右腕向下接應，護住肘的中部，在接護的同時，要以肘尖為環心，急甩右拳作圈形，由我胸前反出，向對方的面部進擊。

進步搬攔肋下使，如封似閉護正中。

對方如用右掌或拳奔我胸部正中打來，我急用左手搬攔其肘；同時進右手趁來勢向其肋下進擊，在進右手的同時，要上右步與手取一致行動；如對方以左手來攻時，就用右手搬攔，上左步用左手向對方肋下擊去。

如封似閉的用法是，如果我的肘和腕部，被對方攔住時，要急出另一手，從肘部直向腕部接應，取掩撥的式子，這樣可以抽撤出來被攔住的肘或手腕，並且尋機可以用著法進擊。

護中的意義是用如封似閉的式子，來保護胸部和屈肘的部分。

十字手法變不盡，抱虎歸山採挒成。

太極拳的手法，全可以由雙手交叉中變動出來，十字手法不外是一開一合；開有法，合也有法，也就是一顧一進的方法，進與顧要用在同時，不可有快慢，不然就要有措手不及的可能。

「抱虎歸山」在太極拳十三字主體中占採、挒二字。採就是取的意思，也就是抓法、捋法，用十個手指的力

量，單手抓将叫採，雙手抓将叫挒。

　　例如，我右手與對方右手相接時，我以右手将住對方的腕子，同時出左手向對方面部進擊，對方一定用左手來截擊我發出的左手，這時要趁機用左手将住他的左腕，並急出右手抓将他的左肘部，用力向外将帶之，使對方跌撲而出。

　　肘底看錘護中手，退行三把倒轉肱。

　　「肘底看錘」注重護住臂的中節部分，在技擊方面最主要是護中節，俗話說：「中節不明，全身是空。」

　　例如，我的左臂向前伸時，右手要成拳，放在左肘下，為的是：倘對方使用抓将時，可以用右手抓将，摘開對方的手，來達到護中節的作用。

　　倒轉肱的式子，在太極拳中十三個主體字裏，占一個「退」字。

　　墜身退走扳挽勁，斜飛著法用不空。

　　第一句是說明退轉兩肱的意義。肱指胳膊而言，如果我的手腕被對方抓将著時，我立即含胸墜肘，同時反轉腕子、手心反上，使對方的手解力，用腰力墜身的方法向後帶動；對方不進則已，如果要進，我即發另一手迎面截擊，就是誘對方深入而進著的手法。墜身向後退時要用直步。

　　「斜飛著法用不空」：如與對方接搭右手時，要把對方手腕将住，同時向對方身後進步，並且用左手連臂順著被我将住之胳膊底下向上斜穿，就是要用肩臂的斜撐力量，向對方肩腋下衝抗，使對方因我斜撐，把身軀橫跌而

出。

海底針要躬身就，扇通臂上托架功。

「海底針要躬身就」：如果對方向下進攻我腿部時，我即用腰力弓身向下，以手截護；用腰力弓身下護我腿之中，即有跟隨發著進手的蓄勢。

「扇通臂上托架功」：在和對方互相接搭右手時，來使用先發制人的進法，就是在搭右手的同時，要迅速地發左手，順對方的右臂下向上穿出，並且要用左肘發出托架的力量，把對方的右臂托架起來，亮出了對方的右肋時，急用右掌和左掌，以虎口相對方式，直奔對方胸肋間進擊。

撇身錘打閃化式，橫身前進著法成。

撇身錘的用法，就是對方如果拿閃化（極快的轉動）向我的側身來攻時，我就用橫身撇身錘的手法來對付，以防止對方得機進手。

「橫身前進著法成」：是說對方如果將我的手閃化開，向我側身進擊時，我就進步橫身用撇身錘向對方胸部進擊。

腕中反有閉拿法，雲手三進臂上攻。

「腕中反有閉拿法」：例如，我的右手腕，被對方右手捋住的時候，要急用左手，把對方捋住我手的右手，用力按住；同時墜身下拉對方的手，叫對方身體向前俯彎，這時就把我被捋住的右手腕向上反出，並立刻奔對方的頦下托擊，在反右腕時，要用左手緊按住對方的手。

「雲手三進臂上攻」：在和對方互搭右手的時候，用

左手從對方的右臂下向上穿出，並用左肩直抗對方的右腋下，把對方右臂微抗起時，急用力反抖，我左手向外橫撥。注意此手法，力點在反抖上，在太極拳十三字裏占一個「進」字。

高探馬上攔手刺，左右分腳手要封。

「高探馬上攔手刺」：如果對方用雙手或單手向我的正胸部打來，我就用左手連臂由上橫攔而下，把來的手攔住，同時用右掌（手心向上）向對方的面部直刺。

「左右分腳手要封」：就是我要用腳踢對方肋部的時候，必須先用手把對方的手採住後再使著；這樣子可以防止我的腿被對方摟住的危險。

轉身蹬腿腹上占，進步栽錘迎面衝。

「轉身蹬腿腹上占」：在和對方交手，倘如沒有機會使用手法時，急轉身出腿，直奔對方的腹部上蹬踹之；也是誘敵深入、轉敗為勝的著法。

「進步栽錘迎面衝」：此句所說的用法和高探馬的手法略同，不過是擊出的手法不同。

例如，對方用手向我正胸打來，我急用手和臂由上向下橫摟對方的來手；同時另一手從下向後掄起變拳，自腦後直奔對方面部擊去；在掄拳自腦後擊出時，要低頭彎腰，來順增臂膀之力，並且要注意用此錘時，要與敵對面時使用，以防或左或右，不能擊中。

反身白蛇吐信變，採住敵手取雙瞳。

在練式裏有個反身白蛇吐信的手法，就是和對方互搭右手時，把他的右手採住向下捋，急出左手直刺對方的眼

部，這手法就是採住敵手取雙瞳。

右蹬腳上軟肋端，左右披身伏虎精。

「右蹬腳上軟肋端」：是我手把對方的手封住後，疾速出腿，直向對方的肋部踢踹。

「左右披身伏虎精」：例如與對方互搭右手時，略用採将對方的手腕，急撤手變拳，腿往對方的右側進步，用拳向對方乳部進擊；在向對方右側進步的時間圈起左臂，用拳擊對方的後臂右下側，左拳與右拳要相錯對擊。左右用法一樣使用，所以叫「左右披身伏虎精」。

上打正胸肋下用，雙風貫耳著法靈。

「上打正胸肋下用」：是說明披身伏虎的用法，就是往上打對方的胸乳部，往下可以打軟肋。

「雙風貫耳著法靈」：就是我用雙手向對方取按式時候，對方如用雙手向我雙手中間往下撥時，我就順對方下撥的勁，雙手向上反轉成拳，直奔對方的兩耳，取雙對拳的方式猛擊。

左蹬腳踢右蹬式，回身蹬腳膝骨迎。

「左蹬腳踢右蹬式」：左腳的蹬踢和右腳的蹬式相同。

「回身蹬腳膝骨迎」：如果和對方交手時，對方攻勢迫近，不及還著，我即回身避開，急以腳用扁踢方式，向對方的膝下軟骨蹬踹。

野馬分鬃攻腋下，玉女穿梭四角封。

「野馬分鬃攻腋下」：在和對方接手時，如果我手被對方捋住，我身急向後微撤，同時用另一手（手心向上），隨進步之勢，順著對方的臂下直向腋下托擊。

「玉女穿梭四角封」：此手法用於在和對方推手時，如果對方的掤式很嚴，我不能虛實得機進手的時候，要用右手按對方的左肘，順其化勁，穿向肘下，再以虎口向上把對方的上臂托起來，急進步用左手向對方的肋間推擊。在練式時走四角方向，所以說玉女穿梭四角封。

搖化單臂托手上，左右用法一般同。

此句說明玉女穿梭的用法，要著重在把對方的單臂，用穿肘方法，將他單臂採化托上去，再向肋間進擊，左右用法一樣。

單鞭下式順鋒入，金雞獨立占上風。

「單鞭下式」的運用，是要以腰、胯、膝三個部分的關節，為發動的主力。

例如，對方由上向下的著法向我擊來，我急順其來勢向下貼隨，等對方下擊落空，我即用貼隨的手（同時用腰、胯、膝三個關節之力向前衝進）撩擊對方的陰部或是腹部。

「金雞獨立」的手法，是在和對方搏鬥已經扭結在一起的時候來用。用此著法，可以說是發必有中。

用時分兩方面，例如和對方糾結在一起時，我手在上挑對方的手和臂，或者橫摟對方腰部的時候，可以急提起一腿，用膝蓋直撞對方的襠部；另如和對方糾結不可分開的時候，可以急用一腿抬起，用腳跟對準對方的腳面猛力下踏，同時另抬一腿上提，為的是增加下踏的力量，使全身重力墜在一個腳跟上（就是下踏右腳，急抬左腿，使全身之力向下踏擊，又名千斤墜）。

提膝上打致命處，下傷二足難留情。

此句說明金雞獨立一法使用起來是很厲害的，如用提膝向對方襠部撞去，對方就有性命的危險；如用一腳跟下踏的著法，對方就有傷損兩足的危險。

十字腿法軟骨斷，指襠錘下靠為鋒。

「十字腿」的用法，在用的時候是以我的腳掌由下而上，直截對方膝下軟骨，用截時的高度，不可超過對方膝蓋部分。

如果我用「指襠錘」手法，被對方將手臂採挒住，並向下挒帶時，我就順對方的挒勢急進步，用肩頭直奔對方胸部，用力靠擊，此著法在太極拳上十三字主體中占一個「靠」字。

上步七星架手式，退步跨虎閃正中。

「上步七星」的用法，和「十字手」的用法相同，是為了取防禦的式子，所用手法都由十字之中變出來。七星是指肩、肘、膝、胯、頭、手、足等七處出擊點。在使用上，除了頭部不可亂用外，手可以打，肘可以頂，膝可以撞，足可以擊，肩胯可以靠擊；所以和對方交手時，對此七點須加以謹防，以免被對方乘隙進攻。

架手式是說明對方和我接手交架的時候，必須要用以上的七點作為攻擊和防禦最要緊的部分。

「退步跨虎閃正中」：在和對方接近時，對方的進勢過猛，來不及還手時，我急將正中點退步閃開，再乘對方來勢可以進攻之點進擊之。

轉身擺蓮護腿進，彎弓射虎挑打胸。

「轉身擺蓮護腿進」：是說明用腿時的注意點。例如與對方搭手時，須先用兩手把對方的左臂向右捋開後，再急用右腳向對方的左肋部踢去，如不捋開，就有我腿被對方撈住的危險。

「彎弓射虎挑打胸」：例如對方用右手來進攻時，我用左臂將對方的來臂挑起，同時進步出右拳向對方的胸部直擊去，如果對方手勢是自上而下的來擊，也可以用此方法還擊。

如封似閉顧盼定，太極合手式完成。

在運用「如封似閉」手法中，要顧住自己的三前：手前、足前、眼前；盼七星，就是注意對方的肩、肘、膝、胯、頭、手、足七個出擊點。定是中定，就是穩住心神，沉著鎮定。

太極拳到「太極合手式」已經完成。在練拳時，不只是知道練法，還要明白用法，把體用結合起來鍛鍊，方可以得到太極拳的大成。

全體大用意為主，體鬆氣固神要凝。

「全體大用意為主」：此句說明了太極拳的全套練習，都是以意為主體，意就是以意識來支配動作，在生理方面說就是中樞神經系統的領導作用，也可以說練太極拳是增強中樞神經在身體裏所引起的反射作用和對外界刺激的敏感運用。

拳訣中說：「練時情中有，用時形內含。」「情中有」和「形內含」，都是意的作用。「情中有」是神經中樞主導活動的表現；「形內含」，是完成統一活動的運用，也

就是形成條件反射的練習過程。

「體鬆氣固神要凝」：這是指出練太極拳的三大要點和階段。體鬆，就是在演練時全身上下不用拙力（有意識的笨力），要輕鬆自然的活動；再一方面要鬆開關節，使姿勢舒展，這樣的鬆開活動，可以自然生出筋骨間的勁，這種勁發出來，一般稱為驚力、彈力；並且因為骨節鬆開，也可以擴展四肢的長度。

氣固，是在練式時呼吸自然，不要憋氣，動作與呼吸自然配合，達到按式換氣的呼吸作用；氣力相合，意守丹田，不致散漫無邊，這樣，才可以氣固。

神要凝，就是意要專注，神有所視，每一式的動作都要有凝視的所在，達到此地步是與「全體大用」的手法運用分不開的。如果不知道每式的用法和動作的寓意，那麼就不易得到意氣相合，出入有法。

練習太極拳，如果得到這三大要訣的傳授，恆心鍛鍊，能得到一定的效果。

‖《十三字行功訣》註釋 ‖

本訣敘述掤、捋、擠、按、採、挒、肘、靠、進、退、顧、盼、定等方法。

掤手兩臂要圓撐，動靜虛實任意攻。

掤的姿勢要兩臂圓撐，高與肩平，作一圓形。分單掤和雙掤，單掤是左臂或右臂抬高與肩平，作半圓形，手指與肩頭平；雙掤是左右臂同時動作如上述。

撐的主要意義是：在兩肩下腋部好像放有兩個彈簧，

兩臂如在彈簧之上，被彈簧力支撐起來，按之則落，抬之則起，隨高則高，隨低則低，攻時能發出彈簧性的彈力，即以機警的動力，向外抖發出去，這叫作彈勁。這樣的彈勁在靜時要含而不露，動的時候就要發出去，要做到得機即發，不得機則守。

這種勁路運用演變得手後，與敵角鬥，隨時都有力的反射作用，俗說：勁在不發動時，似棉裹鐵，軟中有硬，做到軟而能剛和剛柔相濟。這種彈簧性的支撐活力，能在靜動虛實裏應用出來。

搭手捋開擠掌使，敵欲還著勢難逞。

此句說明用擠的手法，如和對方互搭右手時，就用右手按住對方的右腕，同時左手也按著對方的肘部，順著對方的來勢向著橫側方捋之，叫對方的掤式失去作用；到這時急反出左手，用左手背向對方的右肩下擊去，並且右手按住左手腕，加以輔助之力發擊之，也就是用兩手之力，合力發出，這樣叫對方難以還手。

按手用著似傾倒，二把採住不放鬆。

「按手用著似傾倒」：用雙手向外齊推，在太極拳中叫作按，用法是雙手向對方的腹上胸下，或者在已將對方的掤式封閉後來使用。用的時候，雙手按去，急進步向對方的襠中衝進，同時用身子傾撲的式子，來備加推力，也就是用全身的力量，加在對方身上。

「二把採住不放鬆」：是說明和對方搭手時，如果把對方的手臂抓捋住，就不可鬆，不叫對方的手腕脫開，好使用自己的手法進取。

來勢凶猛**捌手用，肘靠隨時任意行。**

「來勢凶猛 手用」：是講捌的手法，如果對方進擊之勢過猛，我就急用一手找對方的腕，一手找對方的肘，要是得手，就急力向側後方猛帶之。

「肘靠隨時任意行」：就是說如果我使用捌法，把對方身子捋帶過來，可是對方趁著我的捋帶力量，用肩部向我撞靠而來，我就急用採住對方肘部的手，順對方靠擊之勢，用屈肘的著法向外橫擊，並且轉側身體來增加橫肘的力量，叫對方被肘靠跌出。

進退反側應機走，何怕敵人藝業精。

此可說明採、捌、肘、靠都能運用純熟了，在和對方交手時，就可以得心應手，對方雖然藝高，自己也無所懼了。

遇敵上前迫近打，顧住三前盼七星。

拳訣上說：「近人先進身，身手齊到才為真。」就是說既然不怕敵，就不避敵，如果畏懼遲疑，是技擊上最大的缺點。

所以在和對方交手時要能上前迫近，能夠迫近對方才可以發著進手，先發制人；但是迫近時，必須把自己的三前顧住，把對方使用進攻的七個部位注意到。

敵人逼近來打我，閃開正中定橫中。

如果對方用先發制我，逼近我身打來，我急轉身，閃開我的正中部分，使對方著法落空；同時我急向對方的側身進擊，也就是取對方的橫線，要拿對方的橫線，作為我的正中線進攻。

太極十三字中法，精意揣摩妙更生。

此名說明太極拳的體用法，有十三個字為他的主體，這十三個字，字字有法，法法有用。必須切磋琢磨下功夫，才可以得到它的妙用。

‖《十三字用功訣》註釋 ‖

逢手遇掤莫入盤，沾黏不離得著難。

在推手時，如遇對方的掤式很嚴密，兩肩腋下的彈簧性的知覺很靈敏，隨動的功夫也很嚴密的情況，就只有採用入手的方法，叫對方不得還手為是，如只用沾黏不離（聽勁），不易得勢。

閉掤要上採挒法，二把得實急無援。

和對方相接，如遇對方掤式不易攻入，就要用採、挒的手法；如果已經被我抓挒住，就急向右帶或者趁機進用其他手法，因為遲則變，疑則慢，都容易被對方乘機攻入。

按定四正隅方變，觸手即占先上先。

四正就是四個正方，四隅就是四個斜角。在和對方交手當中，我一面要主動地把持著四個正方，一面要尋找對方的四個斜角，為的是轉移對方的正方，先破他的中心之力。

假如對方守住了他的四正，我就設法變動自己的正方，來找對方的四隅進擊。

總起來說，就是用我的正面來襲擊對方的側面，所以叫做「按定四正隅方變，觸手即占先上先」。是說明先發制人的方式，不是以靜待動的方式。如果對方距我太遠，

當然要以靜待動，假若已經臨近，或是偶然接上手的時候，即應先發制人。

捋擠二法趁機使，肘靠攻在腳跟前。

在太極拳中，捋和擠歸為一法，因為有捋必有擠，例如將對方的掤式捋開，即可以趁勢使用擠法進攻。

肘靠是說明用肘、肩、胯來靠撞對方時，必須進攻在對方的足跟之前，如在對方的左側，就進右腳；如在對方的右側，就進左腳。

遇機得勢進退走，三前七星顧盼間。

此句說明和對方攻守之間，對於進退要相機運用，當進則進，當退則退，必須進退有法。

怎樣才是進呢？進是進身、進步、進手，是先發制人，而不被對方所制的方式；退是閃、展、騰、挪，要看對方的來勢，靈活轉變，是取守的方式，走要做到展轉變化，通行無滯。

周身實力意中定，聽探順化神氣關。

「周身實力意中定」：是說明全身豎力發出的方法。全身大部分，可分三節：腳跟是根節；腰、胯是中節；頭、頸、肩是梢節；此三節是發周身實力的重點。俗說：「根節動，梢節發，三節齊到力增加。」

所謂三節齊動，必定意注於腰，即三節力量主宰在腰上。如果腰不動，根梢二節雖然動也不能發整力，只是局部之力。所以在技擊中，必以腰為主力，才能發出周身之力。

「聽探順化神氣關」：太極拳中的聽勁，是由於手、

腕、肘、臂的摩擦而生出來的知覺，是便於攻和守的方法，在與對方接手時，感覺出對方或剛或柔的出處和部分運動的方向，就可以化解對方的來勢和乘機順勢地向對方發著進擊。也就是沾黏連隨的進攻方式。

聽者，不是以靜待動，而是在動的裏邊，沉著應付，隨機進取之意。

探，是在沉著應付中，審知對方的虛實，可攻者，就以迅雷不及掩耳之勢進擊；宜守者，就蓄意待機。

順，是不與對方的來勢頂抗，在順隨之中，存暗中襲取之意，也可以說是順其勢而取其法，隨著對方來勢的高低、進退而順勢變化，也就是不丟不頂的意思，叫對方不能為所欲為，做到我的所取無阻。

化，是分化轉變對方的來勢而取主動的方法。化去其來勢而進我的著手，遇虛變實，遇實變虛，以柔化剛，而剛緊隨其後。以剛運柔，而柔不失其堅（堅是堅定，乃柔之本體，不是軟而無力）。

「神氣關」的意義，是在運用聽、探、順、化的進程當中，要全神貫注，不可怠慢，才不至於失機和錯亂，要應付裕如，非將氣沉著不可；如緊張恐慌，氣必上浮，氣一上浮，動作失措，易被敵乘。太極拳論中所謂「意氣君來骨肉臣」「以意行氣，以氣貫神」和「神貫頂」者，也就是這個道理。

見實不上得攻手，何日功夫是體全。

在虛實的運用上，如果已經得到入手，就是手已得實的時候，就立刻放手來發著，不可錯過機會；如果見實沒

有立即發著，便成落空，有體無用了。

操練不按體中用，修到終期藝難精。

練太極拳的人要明白體和用，練拳得到健康的效果和自發性的勁路，就算得到了本拳基本功夫，再能發揮拳義，可以在技擊上應用，才算集其大成。

俗說，「功夫好練勁難得」，「能練筋長一分，不練肉厚一寸」，是有道理的。

‖《八字法訣》註釋‖

三換二将一擠按，搭手遇掤莫讓先。

「三換二将一擠按」：是說在推手時三次換手的過程中，要有二将一擠按的手法，來破對方掤的守式，便於進手發著。如果三次換手還得不到二将一擠按的時候，就知道對方是難以取勝的對手。

「搭手遇掤莫讓先」：在和對方推手時，如遇對方的掤式難以制勝時，即要另法攻擊之，要以先發制人的方式進手，不能讓對方占先來制我。

柔裏有剛攻不破，剛中無柔不為堅。

「柔裏有剛攻不破」：太極拳的柔，是軟中有硬，真柔表現在，按之則下，起之則上，可上下相隨，才是柔中有剛、外柔內剛；有了這種真柔的功夫，才不易被人攻破。

「剛中無柔不為堅」：例如用剛勁進攻對方的虛式時，要柔勁緊隨剛之後，才叫真剛；如果剛中沒有柔勁在後支持的力量，這種剛就容易被折斷，所以說「剛中無柔不為堅」。這裏指出了剛柔相濟的道理。

避人攻守要採挒，力在驚彈走螺旋。

「避人攻守要採」：例如對方向我接觸太近，我要封閉對方的來勢或破對方的掤手時，須先用採挒的手法撤解對方的鋒銳，使對方失去攻或守的時機。

「力在驚彈走螺旋」：如果與對方搏鬥難分或是勁路糾纏不分的時候，就用驚彈力向外發射，或用轉環力卸去來勢，以化除對方得手進著之勢。

逞勢進取貼身肘，肩胯膝打靠為先。

如與對方交手能夠進身，而拳、手來不及進擊時，即可屈臂用肘來頂擊之。又如對方來勢凶猛，我來不及還手閃避時，也可順來勢用肘擊之。如與對方貼身不得用肘時，就用肩靠胯打和膝蓋頂撞的方法進擊。這都是來不及還手的後備著法，須在靠近對方時使用，如貿然衝用，則有被對方所乘的危險。

‖ 《虛實訣》註釋 ‖

虛虛實實神會中，虛實實虛手行動。

在推手時，全憑精神貫注，虛實變化得巧，並要探聽對方的虛實勁路如何，以使隨機應變；要想曉得對方的虛實，要用手臂動作的感覺力，審慎試聽。

練拳不諳虛實理，枉費功夫終無成。

練太極拳的人，如果不知道虛實的道理和作用，就會脫離太極拳的鍛鍊原則。

虛實，就是一空一實，也就是一攻一守。此理不懂，就得不到體用合一的地步。

虛守實發掌中竅，中實不發藝難精。

此句說明，與對方盤手時，要在掌中得到對方的竅要，探聽對方的虛實究竟，逢虛則守，遇實則發。如果中實得著而不知發放，就等於坐失良機。

虛實自有虛實在，實實虛虛攻不空。

與對方盤手，自己要能虛中有實，實中有虛，還要掌握對方的虛實情況，雖然應本遇虛當守，遇實則發的原則，可是得著對方的實，更不能忽略對方的虛尚存在，免得上對方「引進落空」之當。

如我以虛迎對方之實，而實緊隨在後，若以實破對方的虛，雖然以實當先，但虛守仍不離我身，能掌握虛實變化的原則，才不致有落空或被對方所制的危險。

‖ 《亂環訣》註釋 ‖

亂環術法最難通，上下隨合妙無窮。

太極拳的運用，以圈環方式為變化的基礎。亂環是表示太極拳沒有固定的圈環方式。

例如，在手法上有高低、進退、出入、攻守，都走圈形，而圈是變化的；有大圈、小圈、平圈、立圈、斜圈、正圈和有形圈與無形圈的分別，並且圈又分以大剋小，以斜剋正，以無形剋有形。

什麼是無形的圈？就是在出手動作中，隨時都在螺旋力量的範圍之內，這種螺絲力量要成為動作中的習慣力量。所以雖然用手直入直出，但是只要接觸對方的某部，便顯示出直進是由螺旋力在推動的。由於這種螺旋力的主

導作用，就能隨著對方的來手上下進退，並能在順隨之中相機地發揮螺旋力以入手克敵。

陷敵深入亂環內，四兩千斤著法成。

此句說明將對方誘入我的無形圈內，對方失去了主體力量，受我亂環螺旋力量牽制以後，即可隨時達到得心應手的機會。而且，這時只要以「四兩」的勁，即可撥動對方的「千斤」之力。

俗語所謂「四兩撥千斤」，是以小力勝大力之意，並非純四兩來撥真千斤。拳訣說：「練成千斤力，只費四兩功。」是說要有千斤的收穫，只用四兩的力量達到成功。

例如，對方以全身整力如同千斤之勢來襲我時，因我用圈環法，滑走來力，使他失去重心，就可以用四兩之力撥動千斤之勢，達到制敵之目的。

倘若四兩的力量不成功時，尚有似千斤之力在後接應周旋，也並非以純四兩敵真千斤的說法。

手腳齊到橫豎找，掌中亂環落不空。

此句說明在用亂環時發出整力的方法。按發力可以分全部力與局部力。

全部力是把全身整力發出去，局部力是四肢單發的力量。要想發全身整力必定手腳齊進才可以。

拳訣上說：「手到腳也到，打人如蒿草。手到腳不到，打上不得妙。」就是說要發全力衝擊對方，需要手腳齊到，才可以收到最大的效果。

橫豎找：是找對方的橫側方，來進我的堅正方，就是向對方橫側進擊，可以使對方失去重心，而不得守其中

心。在我用亂環時，雖然對方陷入我的圈環內，但必須向對方的橫線處發擊，用我正直線的力量，再加上手腳齊進的方法，才可以用小力勝大力，著法才不至於落空。

欲知環中法何在，發落點對即成功。

究竟怎樣運用亂環的方法，才可以心手相應地運用呢？

例如，當我向對方之橫側身發擊時，所進擊之點為發點，並且要找準對方的跌落之點，由發點用全力直向對方的落點猛擊，才可以收穫全功。

‖《陰陽訣》註釋 ‖

在這個訣內，說明太極拳十三法中的後六法半。

前六法半已在《十三字行功訣》內說明，即掤、捋、擠、按、採、挒、肘、靠、進、退、顧、盼、定。

後六法半是本訣的：正隅、收放、吞吐、剛柔、虛實、單雙、重（定、重合為一法）。前六法半加上後六法半，共為十三法。

太極陰陽少人修，吞吐開合問剛柔。

陰陽包含著兩個對立的性質和現象。例如，反正、軟硬、剛柔、屈伸、上下、左右和前後等等。練太極拳的人很多，鑽研這個道理的人現在還不多。

吞吐和剛柔在太極拳十三法中占兩個法。這兩個法在開合動作中來運用。例如平推四手，稱為合手，即是以吐法為首要，以吞法為次要，以柔當先，剛勁緊隨其後，儘量使用推法；此推法即如同吐出一樣，要脆、要快、要冷、要急。

如由推手分開，出了平推四手的原則，即稱為散手，即是以吞法為首要，吐法為次要，以剛勁進擊，儘量施展打法。此吞法如蛇吸食之狀，也需要冷、急、快、脆之突擊法。

此句說明，和對方交手後，由開合之分，運用吞吐之法，發揮剛柔的勁，剛和柔就是陰陽，剛屬陽，柔屬陰，也就是說開合吞吐之分，合乎陰陽虛實之理。

正隅收放任君走，動靜變化何須愁。

正隅和收放，占太極拳十三法中的兩個法。

正是四個正方，隅是四個角度，用我的正方向對方的隅方進攻是手法上的必要路徑，如果正對正就要犯衝撞（也叫犯雙重），就要互相頂勁；角對角就要犯「輕對輕，全落空」的毛病，必須以重擊輕，以輕避重，才不失制勝的道路。

收放，是先誘對方深入，也就是俗說「欲擒先縱」之理。收是先向懷中帶進，放是趁勢放手，向外擊出。此句說明，在和對方交手當中，要利用正和隅兩方的機會進退，再按收放的方法進擊，在動靜變化中從容對待，隨機應變。

生剋二法隨著用，閃進全在動中求。

在用手法時，有生的手法，就是先發制人的手法；有剋的手法，就是防備對方進擊的手法。生手與剋手要緊密配合著應用。

如果對方來勢凶猛，不及還著時，必先閃開他的鋒銳，雖然是閃，但不可失去還手的餘地，要做到「逢閃必

進，逢進必閃」。

拳訣說：「何謂打，何謂顧？打即顧，顧即打，發手便是；何謂閃，何謂進？進即閃，閃即進，不必遠求。」這是說明閃進和顧打是一致的行動，不可截然分割開用，這些都要在動中隨時注意。

輕重虛實怎的是，重裏現輕勿稍留。

武術上的摔法、打法的用勁和用力，不出三個勁，即輕勁、重勁和空勁。輕、重、空這三個勁路也就是小力、大力、空力。

按說大力可以克制小力的，可是太極拳講求以小力制大力的技術，也就是用小力巧制拙力的技術，這裏關健問題在於輕重、虛實的變化。

武術中的輕重變化是和虛實分不開的。如和對方交手，發覺重裏現輕的時候，就應立即發手，只要遇力不頂，就要順著力的趨向進攻，這樣子擊無不中。所以說「重裏現輕勿稍留」，達到此地步，必在輕重虛實上運用純熟才可。

關於輕重用力方面，有單重和雙重的分別。如在練拳時來講，前腿虛後腿實（即重心在後腿），叫單重；雙腿著地力量平均，叫雙重。

按實際運用上說，單重和雙重的意義不在將重心放在前腿或後腿上，而是在運用勁的出發點上。所謂隨重用輕，隨輕使重，才能發揮輕重的效能。

拳訣說：「雙重行不通，單重倒成功。」就是說，雙重是力與力爭，相持不下。我欲去，你欲來，結果是力大

制力小。

單重是我用力擊出時，使對方失去抵抗力，達到我的發著用手的目的，能作到此種功夫，必有純熟的「隨」的功夫。

單重用得好，就可以使對方落個「空」字。所以說用重不如用輕，用輕不如用空。能夠運用使對方處處落空，這在武技上可以說是最上的高手。

這裏所說的輕重，就是分清單和雙。單、雙和虛、實在太極拳十三法中占兩個法，另外半法是重（中）字。按重和定合為一法，因為定和重有緊切的關聯。定是穩定，重和中不能離開定，故常說：逢中必定。

太極拳中所講的力是中心力和重心力。用在技擊上，是用我的重心力向對方的中心進擊。重心是在我對準對方可擊之點（定），即將全身之力集中於手掌上或拳上，這掌和拳就是我發力的重心，我手的著落點即是對方的中心點。簡要的說，就是以重擊中，以定用手。

總結太極拳十三法，全是兩個不同的、互相對立的矛盾統一體，合乎太極陰陽之理，這是太極拳術運用方面所具有的變化規律。

‖ 《十八在訣》註釋 ‖

◆ 掤在兩臂

掤勁的功能，發揮在兩臂的圓撐力量上。這種支撐力，在任何動作中，都須主動使用。

◆ 将在掌中

将是破掤的手法，左右兩将的知覺力全在兩掌，由掌的知覺力，採聽對方之輕重虛實，然後可以隨著将式進著。

◆ 擠在手背

擠是擊出的手法，在将開對方防禦的掤式以後，隨以擠手進而攻之。

搭手要用手和臂加在對方的空隙點上擠按之，如兩手合用可增加擊力。

◆ 按在腰攻

按是用兩手推出之勢，發出進擊的力量，全以腰部為主力。

◆ 採在十指

採是用手抓實，以十指之力，用力箍牢。

◆ 捌在兩肱

捌式是取對方的全臂，用我一手抓住對方之肘，一手抓住其腕，用力向下将帶之手法，兩肱就是兩臂。

◆ 肘在屈使

肘是運用肘力發擊對方，不論進攻與反擊，在用時要屈回前臂，以肘尖頂撞或橫擊。

◆ 靠在肩胸

靠法是要用肩頭靠擊對方的胸部，或者用膀來靠擊對方的腰肋部。

◆ 進在雲手

雲手的手法，在太極拳裏占一個「進」字，就是要向對方進入手法，雲手是其一。

◆ 退在轉肱

在太極拳裏面，「倒轉肱」的走法占一個「退」字。就是在閃避對方來勢和不及還手時使用，是退的方法之一。

◆ 顧在三前

顧是照顧和防護的意思。就是和對方接手時先要把自己的眼前、手前、腳前三方面照顧好，以免被對方擊中。

◆ 盼在七星

盼是注意看望，也可說是警惕的意思。七星是指身體上主要部分的七個所在，就是肩、肘、膝、胯、頭、手、足這七個部位。

在與對方接手時，不論是在靜中或動中，都要時時刻刻的小心照顧到。

◆ 定在有隙

定是找對方的空子。在和對方交手時，不可冒進，得到進手的機會，就立刻不停地發手，達到先發制人的目的。

◆ 中在得橫

中是擊中。要想將對方擊中，必須得到對方的橫；橫就是在和對方交手時，我轉身找對方的側面；對方的側面在我面前叫作橫，得著對方的橫，立即發著進擊。

◆ 滯在雙重

雙重是兩方的重心相遇，就是力與力爭了，這樣不能閃、轉、騰、挪的靈活變化，故要避免雙重。

◆ 通在單輕

單輕就是避重就輕的意思。也就是進用單重才可以使對方失掉抵抗的能力。

◆ 虛在當守

虛是在和對方交手時，在不得手或得不到機會進攻的時候，應當取防守之勢。

◆ 實在必中

實是在和對方交手時，已經得手了，可以乘虛而入，

在這時即立刻衝擊，這叫得實。

‖《五字經訣》註釋 ‖

（這是二十個字冠頂之訣，每五個字一句）

◆ 披從側方入

披是經過對方的側身進勢進著，也就是找對方的橫線，以我的豎線（正身）進著攻擊。

◆ 閃展無全空

閃是閃開的意思；展是轉變我的身法手法。

閃和展都是不得手而轉移的辦法，可是在閃展的解手時候，要有後式接應，或者閃展裏面有藏著的手法，這樣的閃展應付，才不至於落個「全空」，在技擊上是不能有全空現象的。

◆ 擔化對方力

擔是負擔的意思。就是用我的臂膊的彈簧力化開對方的來勢，使對方失去了中心和重心，以便我發手進著。

◆ 搓磨試其功

搓磨是和對方交手時，先要不丟不頂。不丟是順隨對方來勢，不頂是對對方的來勢不用力拒阻，在沾黏之中，試出對方的虛實情況。

◆ 歉含力蓄使

歉是不足的意思。含是力儲在內，含而不露。蓄是聚積的意思。

就是和對方交手時，先用一部分力量作試探，保存著大部分的後援力量，等到試探出對方有機會進著的時候，再把蓄積的含力，全力發出，這就是蓄力待發的意思。

◆ 沾黏不離宗

沾黏是沾連不離，就是說和對方交手，用沾黏的方式黏著對方，進退周旋，使對方想進不得手，想退也不得脫，以不即不離的方式為宗旨。

◆ 隨進隨退走

隨是跟隨，就是用黏沾的方法，隨著對方的進退而進退；對方如前進我即後退，對方後退我即前進，可以在隨勢之中尋機找勢進而攻之。

◆ 拘意莫放鬆

拘是抓拿的意思，就是在與對方進退周旋，施展沾黏裏面，時時要有抓、捋、採的手法作準備。如果得著用手的機會，就可立即使用抓拿的手法，以捋帶之。

◆ 拿閉敵血脈

拿閉是武術技擊上的擒拿手法之一，如果對方來勢陰

毒時，就可用拿閉的手法，使對方被箝制，或者叫他窒息，失去他的活動力。

◆ 扳挽順勢封

扳是反轉制阻，挽是拘住不放的意思。我如將要遭到對方扳挽手法時，要順著來勢，封閉他的來手，不讓他得逞。

◆ 軟非用拙力

軟是外似綿軟不硬，而剛實蘊於內。太極拳中講的軟，並非是不用力和沒有力的軟，而是不用拙力的柔。

柔在前，可是剛緊隨在後，為的是以柔在前便於試探對方的來勢，一旦得機，再用剛勁發手。

◆ 掤臂要圓撐

掤是掤手，用時臂膀要圓撐起來。

◆ 摟進圓活力

摟進的力量，以圓活為主。圓活力就是橫豎皆有力的混元勁，也就是橫豎上下左右，各方面都有含蓄力，否則有橫力無豎力，或有豎力無橫力，都容易被人所制。

俗說：太極拳以球作例，要有混元的沉力，此力如環無端，也就是剛柔不現端倪的意義。在運用上要不偏不倚，圓整靈活。

◆ 摧堅戳敵鋒

摧是拒攔，就是要把對方堅銳的來勢戳閉，不叫他攻進來。

◆ 掩護敵猛入

掩護是用方法遮避敵鋒，先求保護自己，再說尋機進襲。

◆ 撮點致命攻

撮點是用手指戳點的意思。此句是說如果對方惡毒進攻，我不及掩護時，就可用戳點致命的手法，以避其凶。

◆ 墜走牽挽勢

墜是由高下落之勢。此句說明，如果我的手或臂被對方抓捋住的時候，對方必用牽挽的手法來牽倒我，或是扳折我臂膀；這時不可以用撤手還式的手法來解除，要用沉肩墜肘和墜身退走的式子來應付。

◆ 繼續勿失空

此句接連上句，是說在退走的當時，要乘機用手法進擊，也就是沾黏不斷，式式不空的意思。

◆ 擠他虛實現

擠是擠法，這裏說明了用擠法的時候，含有引逗的意

義。用擠法來迫擠對方，使他現出虛實來，以決定我應付的著法。

◆ 攤開即成功

攤是撇開的意思。就是用擠法逼出對方的空隙後，就疾速用撇開的著手進擊。攤開也就是大舒大展、直發到底的手法，使對方不得還手，一舉成功。

☯ 吳志青拳經拳論註釋

◆ 吳志青

吳志青（1887——1949），安徽歙縣人，中華武術會創始人，武術研究家。幼好技擊，兼學翰墨，後入中國體操學校學習。宣統三年（1911）參加攻打上海江南製造局，得陳英士褒獎。曾從于振聲、馬金標、楊澄甫學拳。

民國 8 年（1919）初創建中華武術會，後任總幹事。民國 12 年創辦中華武術會體育師範學校，任校長，同年加入西北軍，任第五軍總教練。民國 17 年，任職於南京中央國術館，並參加中華武術會的復會工作。

著作有《科學化的國術》《查拳圖說》《三路炮拳圖說》《七星劍圖說》《戚門十三劍》《六合刀》《螳螂拳》《太極

正宗》《國術理論概要》《國術槍叢》《國術理論體系》等書籍。

晚年皈依佛教，1949年隨活佛入藏，染疾逝於途中。

‖ 太極正宗十三字行功法 ‖

太極拳之盛行已數十年，有關著述達數十種之多，但多標新立異，以眩獨得秘傳，分歧百出，莫衷一是。

余於研究之餘，確定八十一式，作為太極正宗，民國二十九年春在滇，吾宗孟俠先生，轉請金一民先生介紹相識，孟兄精八卦，擅太極，為當今國術界之佼佼者，一談傾心，相見恨晚。

孟俠於《太極正宗》一書許為同調，惟書中未將十三字行功法刊入為惜！經余請益，孟俠慨將歌訣十六句，計一百一十二字錄出，回還把誦，一字有一字之用，一句有一句之法，字字珠璣，句句錦繡。復經孟俠不吝講解，乃如醍醐灌頂豁然開朗。

茲得孟兄許可，特公之於世，並作釋義。

◆ 歌訣

掤手兩臂要圓撐，動靜虛實任意攻。
搭手捋開擠手使，敵欲還著勢難逞。
按手用著似傾倒，二把採住不放鬆。
來勢凶猛挒手用，肘靠隨時任意行。
進退反側應機走，何怕敵人藝業精。
遇敵上前迫近打，顧住三前盼七星。

敵人逼近來打我，閃開正中定橫中。

太極十三字中法，精意揣摩妙更生。

掤

掤者，二臂撐開如捧圓盤，穩定中心，如盤之承珠，任敵攻擊，我惟以盤閃展迎擊，惟仍盤不離珠，亦即不失中心之所寄，以中心為迎拒之謂。此即「掤手兩臂要圓撐，動靜虛實任意攻」是也。

比如敵方以按勢反攻，我雖以圓形之掤勢承受來勢，惟仍急將腰胯後吞，身胸內斂，則敵按勢已如誤踏陷阱，腳底頓空，我再乘虛而入，強敵自摧矣。

拳經云「不得機不得勢，在腰胯中求之。」老子曰：「心要虛，腹要實。」可為掤勢寫真矣。

捋

捋者，借敵攻勢，而順其勢反擊之謂也。

比如二人推手，敵方以左手掤來，而我左手扶住敵左腕，右掌扶住敵右肘，兩掌順勢，虛心斂腹，往懷中左下側捋開，則來勢因此而化。

如乘機反攻，即聯用擠手，敵一攻撲空，必定縮回，不意我迅雷不及掩耳接踵撲入，怒風襲危牆，不倒者幾希。此之謂「搭手捋開擠手使，敵欲還著勢難逞」是也。

擠

擠者，乘機突襲之手法也。

比如敵使右掤手，我以右手接應敵腕，左手背貼近敵右肘彎，敵則側身擎臂以護右肘，我乘此急將右掌按住自己左手尺骨處，出其不意直攻當胸；敵因側身，已失中

心，遭此猛擠，則無不應手傾跌也。

按

按者，若推山入海，勢如奔馬，用兩掌按敵雙臂之謂也。比如敵人以掤勢攻來，我在敵將達未達剎那之間，中途邀擊，急以雙手封敵，按手向上略逗，以鬆敵勁，再往下按，同時上身略向前傾，使用肩、肘及腰、胯、足、膝等功勁由下而上，勢如烈風拔樹，則敵勢難再逞，所謂「按手用著似傾倒」是也。

採

採者，擒也，即兩手黏敵，不即不離，欲擒故縱，準備攻擊之勢也。

比如二人交手，兩手互使盤法，覺敵似有怯戰意，仍先發制人，黏住敵臂，不使敵離我掌握，我即開始攻擊。此之謂「二把採住不放鬆」是也。

挒

挒者，摔也，亦即先採後挒以殺敵之勢也。

比如二人決戰時，敵以全力進犯，我先用採法黏住敵兩手，而後借敵凶猛之勢，加以自身力量，迅速轉動腰胯，同時一腳後撤，摧枯拉朽，摔敵於自身之外，此之謂「來勢凶猛挒手用」是也。

肘靠

肘靠者，以敵逼近身旁，我反守為攻，以肘克之，靠近敵身，使其無旋回餘地。

比如敵以勢逼近我身，此時我兩手不及抽回，或無法收回，可急含胸斂腹閃開，以避其鋒；再以臂肘短兵相

接，直封其面門，同時以肩胯逼近敵身，使全身力量，迫敵離開中心，我即乘機擺弄，則敵自傾，此所謂「肘靠隨時任意行」也。

進退

進退者，即避實乘虛，不即不離，伺機而動之法也。

比如：（一）為活步推手時，敵進我退，即避實之法也。（二）為大捋（即挒步）推手時，敵反擊我側，即為乘虛之法。此所謂「進退反側應機走，何怕敵人藝業精」是也。

顧盼

顧者，從容之看；盼者，迅速之看也。看準敵手動靜，我已成竹在胸，須有泰山崩於前面不更色之從容，要有敵不動我不動、敵一動我先動之迅速。

此全須顧得定，盼得準，所謂「遇敵上前迫近打，顧住三前盼七星」是也。

三前者，眼前、手前、腳前，此三前為敵我決勝之場合。七星者，頭、肩、肘、手、胯、膝、足，此七部為我攻敵之利器，亦為我被攻之弱點。故在我目中應如黑夜中七顆閃爍之明星，星一微動，我已了然，自可應付裕如，此之謂顧盼是也。

定

定者，穩定中心之謂也。

比如敵由前奔進，攻我正面，我即邁步閃開，側襲敵後，乘虛截擊敵之腰桿（即橫中），所謂「敵人迫近來打我，閃開正中定橫中」是也。

綜觀十三字之意義，均係脫險制勝，未經人道之妙法。所謂「太極十三字中法，精意揣摩妙更生」，意義雖大致如上釋，終不過皮毛膚淺之談，實際運用，仍需有深刻功夫，再四揣摩，方能奧妙無窮也。

‖ 太極正宗八字訣 ‖

> 三換而捋一擠按，搭手遇撐莫讓先。
> 柔裏有剛攻不破，剛中無柔不為堅。
> 與人攻打要採挒，力在驚彈走螺旋。
> 逞勢進取貼身肘，肩胯膝打靠當先。

按八字訣者，即掤、捋、擠、按、採、挒、肘、靠八字也，此八字訣為兩敵對壘、決勝負之秘訣。茲詮釋如後。

三換而捋一擠按，搭手遇撐莫讓先。

比如逢敵推手，已經三換（即三掤）二捋，當知來敵不弱，應即以擠按之法制之。所謂「搭手遇撐莫讓先」，撐者掤也，有捧即非俗，不必多耗光陰，應以當仁不讓之決心，先發制人。

柔裏有剛攻不破，剛中無柔不為堅。

世人以太極拳練時多不使力，便謂無力。不知其外表似柔，內中蓄勁如鋼，有守時如處女，走時如脫兔之勢，所謂「柔裏有剛攻不破，剛中無柔不為堅」是也。若一味柔若無骨，雖有十年苦功，亦難當大敵也。

與人攻打要採挒，力在驚彈走螺旋。

假使對方來勢凶猛，當虛以待實，所謂「借人之力，順人之勢」。

採挒者，即以逸待勞，借敵力為我用，所謂「四兩撥千斤」是也。

敵來攻擊，我於確定敵方虛實之點後，便可使用「力在驚彈走螺旋」之訣。

力者，為敵力聚集所在。走者，黏住敵方，化敵力反為我所用。驚彈，為觸覺之靈，敏若雀鳥之驚彈，使出動作如螺絲之旋轉，無堅不入；即於極細微之間，將敵主力化去，我乘虛而入之謂。又發放敵人非直力所能奏效，應以螺旋力撼敵。

逞勢進取貼身肘，肩胯膝打靠當先。

比如敵來攻我，我急趁勢利用肩胯膝三部挺身靠近，使敵不及騰挪，我再以短兵相接，追之以肘，此所謂「逞勢進取貼身肘，肩胯膝打靠當先」是也。

‖ 太極正宗虛實行功法 ‖

> 虛虛實實神會中，虛實實虛手行功。
> 練拳不諳虛實理，枉費功夫終無成。
> 虛守實發術中竅，中實不發藝難精。
> 虛實自有虛實在，實實虛虛攻不空。

練武術者，務須研究虛實之理，不僅太極拳如此，其他武術亦莫不皆然。惟此中竅要，神妙異常，初學者實難

索解，茲釋之如後。

虛虛實實神會中，虛實實虛手行功。

虛實二字，在技擊上意義廣大，今舉例明之。虛者，空洞無物之謂，虛則圓轉自如，不為外物所牽引。實者，為堅固之體，固則滯礙橫生，易為外物所毀。技擊之學，貴乎自如（即主動），則人為我制；滯礙（即被動），則受制於人。

又，固如山者，真空不滅，實物亦毀，故有愚公之誠，終有可移之山。空者，虛也。

又如白雲之行跡靡定，若受外力（風）激動，東來則西推，西來則東浮，此為吸引外力為己行動之助也。佛偈曰「本來無一物，何處惹塵埃」，可謂深得「虛實」二字之三昧者也。

練拳不諳虛實理，枉費功夫終無成。

習國術者如不明虛實之道，雖有十年苦功，不能當為名家之一擊。語云：「拳不攻力，力不克功，功不勝巧」。巧者，即虛實之理，能運用己實，攻人之虛；運己之虛，代人之實，非執一不變之謂。所以善用虛實者，即應用巧妙之機動戰術也。

虛守實發術中竅，中實不發藝難精。

按此二句為虛實應用之體，遇虛則守，逢實則發。「虛守實發」是技擊上攻守不易之法，無上之巧妙。

比如敵以猛力（即實）攻來，我不做正面之對抗，以免元力之虛耗，待敵撲空，化實為虛時，我即乘虛而入。

中實者，敵虛我實，未即進攻，以致坐失良機。不發

之謂，似此不能確定虛實，其藝自難精湛。

虛實自有虛實在，實實虛虛攻不空。

細味虛實在、攻不空之意義，兵法云「虛則實之，實則虛之」，善用「虛實」二字則守能堅，攻能克，所謂「虛實自有虛實在，實實虛虛攻不空」是也。

雙重行不通　單重便成功。

單重、雙重即虛實之形容也。雙重則滯，故行不通者，執滯也。單重則活，活則圓轉自如，則易於成功。

雙重即如佛經所云「有相」，單重即「無相」。無相則一切皆空，便是虛；有相則一切實在，即固體也。總之實可攻人，但澀滯不靈；虛易被擊，但圓活靈便。虛實之分，在毫釐千里之間，純在體會敏捷，使用得當，有非楮墨所能形容者。

故習國術者，縱有聰穎之資質、多年之功夫，如無明人指導，虔心體會，殊不易豁然開朗，而能於千鈞一髮之時判斷孰實孰虛也。

上釋各義多為虛實之道，行功二字則未談及。行功者心領神會之後，再身體力行，勤加研練，朝於斯，夕於斯，行之有恆，積成工夫，所謂精神揣摩，肉體鍛鍊是也。

‖ 太極正宗十三勢總勁 ‖

太極拳法共有十三勢，蓋根據五行八卦之理而成者，五行又分內外，形於外者為進、退、顧、盼、定；發於內者為沾、連、黏、隨、不丟頂。八卦亦分內外，形於外者

為四正、四隅，蘊於內者為掤、捋、擠、採、挒、肘、靠八法。推手亦然，形於外者為勢，蘊於內者為勁。

用勁之時其根在足，發於腿，主於腰，而形於指，故盤架子所以練勁，推手所以懂勁也。

◆ 沾

如兩物相交，沾之使起，在太極拳則謂之勁，而非直接沾起之謂，乃間接以生，含有勁意。

比如推手或交手時，敵對者體質強大，氣力充實，馬步穩固，似難將其掀動、移其重心，惟有使其全神上注，體重足輕，因其自動而失重心，我則順勢撒手，而以不丟不頂之勁，引其懸空，是曰沾勁。

夫沾勁如沾球，一撫一提之間，運用純熟，則球不離手，沾之即起。

語云：「沾即是走，走既是沾。」對方實力充足，據險以守，不畏攻勢，不畏力敵，惟有處以鎮靜，或尋瑕抵隙，出其不意，攻其無；此而不果，則故顯破綻，誘之使進，使其棄守為攻，使其實力分散，而後因銷帶擊，則未有不敗敵於不知不覺之間者，所謂之誘而殺之，使其自取敗亡；所謂攻其所必守，守其所必攻之道。

◆ 連

聯貫之謂，手法毋中斷，毋脫離，接續連綿，無停無止，無休無息，是謂連勁。

◆ 黏

黏貼之謂，彼進我退，彼浮我隨，彼沉我鬆，丟之不開，拔之不脫，如黏如貼，不丟不頂，是謂之黏勁。

◆ 隨

隨者，從也。緩急相隨，進退相依，不先不後，捨己從人，量敵而進，是謂隨勁。

◆ 不丟頂

不脫離，不抵抗，不搶先，不落後，是謂不丟頂勁。

‖ 內功八法歌訣 ‖

> 掤勁作何解，如水負行舟，
> 先實丹田氣，次要頂頭懸，
> 全體彈簧力，開合一定間，
> 任有千斤力，漂浮亦不難。

按，此處以水力雖微，而竟能因物自中空，乃負其重之意義，以喻掤勁；於此可知其義，即搖動敵人之重心，使敵勢空虛，而後出我之銷閃法，以化敵之謂。

> 捋勁作何解，引導使之前，
> 順其來勢力，輕便不丟頂，
> 力盡自然空，丟擊任自然，

重心自維持，莫被他人乘。

此說明借敵人攻我之力，引之使前，俾拋離其重心之謂。故遇敵切忌硬對硬，務以柔制剛，順其來勢，拖之前傾，但自己之重心，須絕對保持，勿為人所乘。

擠勁作何解，有時有兩方，
直接單純意，迎合一動中，
間接反應力，如球撞壁還，
又如錢投鼓，躍然聲鏗鏘。

此擠字之用義，如球撞牆；以錢投鼓，已曲形其義，蓋即借人之勁，以擊其人，亦即乘機陷敵之意也。

按勁作何解，運用似水行，
柔中寓剛強，急流勢難當，
遇高則澎滿，逢窪向下潛，
波浪有起伏，有孔無不入。

此又以水為譬，意謂水性雖柔，然疾流沖下，為勢難當。故遇敵時，手法宜急轉直下，神出鬼沒，必陷敵於無備。所謂按，即交手時，必以手按於敵手，而乘隙急取是也。

採勁作何解，如權之引衡，
任你力鉅細，權後知輕重，
轉移只四兩，千斤亦可秤，
若問理何在，槓桿之作用。

此則以秤為譬，意謂交手時，先探對方之力量。然後以四兩撥千斤之法以御之。秤錘雖小，然引之平衡，則千斤可秤。能知此理，則所謂四兩撥千斤，殊非奇事也。

　　捌勁作何解，旋轉如飛輪，
　　投物於其上，脫然擲尋丈，
　　君不見漩渦，捲浪若螺紋，
　　落葉墮其上，倏爾便沉淪。

此先以飛輪能擲物於尋丈之外為譬，指動作如敏捷，則借來物之主力而擲出之，實至易易；來勢愈猛，則擲出愈遠。

繼又以漩渦為譬，因其漩轉而發出帶引之力至巨。故雖至輕如落葉，遇之亦無不沉。由是可知太極拳之動作，必取圓形者，蓋以此。

　　肘勁作何解，方法有五行，
　　陰陽分上下，虛實須辨明，
　　連環勢莫當，開花捶更凶，
　　六勁融通後，運用始無窮。

此乃說明融通六勁，則運用無窮。明虛實、察陰陽、連環使、引敵深入，而後乘隙擊之，以肘攻入，無有不見克者。

　　靠勁作何解，其法分肩背，
　　斜飛勢用肩，肩中還有背，

一旦得機勢，轟然如倒碓，

仔細維重心，失中便無功。

此法乃深入敵境，逼近敵身，以肩背制敵。斜飛式及野馬分鬃式，均為靠勁之架式，然非功深技熟者，不能制勝也。

又，靠為肘所克，肘為如封似閉所化，此乃展轉循環，運用克敵之謂也。

靠勁運用肩背，乘機而發，勢如山崩地塌，其勢莫當。然必保持自己之中心，不失重心則敵為我所制。

第二卷　太極拳名詞術語悟解匯集

李先吾解三十七式釋名與效用

‖三十七式釋名與效用‖

① 攬雀尾

【釋名】此式內含掤、捋、擠、按等法；取手執雀尾隨其動作之意。假設敵人之臂為雀尾，攬之使其無進取之力，趁勢向前加以切勁擲之也。

【功效】此為太極拳中最重要之式，及運動頭、頸、肩、肘、胸、腰、腹、腿各部，而使血脈調和，循環全體；可愈頭暈、腰疼、胃疼、便秘、關節不靈與輕微之肺疾。

【用法】敵用右拳擊來，我以兩手向前掤化其力；敵欲逃遁，我即隨腰下捋敵手；彼如向後將手抽回，則隨其勁往外排擠，或向前按之。然敵攻勢無一定法則，宜隨機應變，觀其動作而應付之可也。

② 單鞭

【釋名】單鞭者，即單手擊敵之意。鞭者，如鞭之擊人也。

【功效】此式運動肩、背及四肢；能治肩背疼痛與手足麻木之症。

【用法】敵用右拳擊來，我即用右手黏住敵臂，順其進擊之力，引領向前，使彼重心移動，趁勢用左手直擊敵胸部——用切勁或推按勁。

③ 提手上式

【釋名】提手上式者，如手向上提重物狀，故名。

【功效】此式運動肩、背、腕、肘、腰、膝各部，使諸關節靈活。

【用法】敵用右拳迎面擊來時，我以左手下按敵腕，以右手由下向上提擊敵下頦及鼻等處。

④ 白鶴掠翅

【釋名】白鶴掠翅者，兩臂斜伸，作鳥翼狀；兩足並立，如鶴之獨立，雙手如鶴之掠翼，故名。

【功效】此式運動胸、背、肩、臂、腰各部，而練習其伸縮力。

【用法】敵在左側用拳擊來，我扭身用雙掌黏住敵臂，隨其進擊之力往右引領，使敵身前傾，後以雙掌向敵身齊按，則敵跌出矣。

⑤ 摟膝拗步

【釋名】摟膝者，以手向下摟過膝蓋之意；拗步，乃拳術步法之名詞也。習拳術者，以伸右手，進右足，謂之順步，左亦如之；若伸右手，進左步，或伸左手，進右步，則謂之拗步。

【功效】此式運動腰、脊、肩、臂、膝、腿各部；可治腎足之疾。

【用法】敵用右拳向我腰部擊來，我用左手向旁摟開，以右掌擊敵胸部。如敵用左拳擊來，我用右手向旁摟開，以左掌擊敵胸部，此即推按勁也。

⑥ 手揮琵琶

【釋名】手揮琵琶者，兩手一前一後，如抱琵琶（琵琶樂器也）形，雙手如手指按弦然，故名。

【功效】此式運動兩臂及腰部。

【用法】

（1）敵用右拳擊來，我以右掌黏住敵腕，用左掌托敵肘，雙掌交錯，則敵臂斷矣。

（2）如敵握我右腕，我即將右掌向懷內收回，揉化敵力，使其重心移動，復以左手指點按敵肩窩，則敵臂失其軌力矣。

⑦ 搬攔槌

【釋名】搬攔槌者，即搬開敵人之手，攔阻其進擊之

力,而後用拳擊之,為太極拳五槌之一。

【功效】此式運動肩、背、腰、腹、胯、臂、腿諸部。旋轉如球,使各部筋肉發達;且治腎、胃、便秘之病。

【用法】敵用右拳擊我胸部,我以右掌下按敵腕;若敵再以左拳回擊,即以左掌搬開之;敵欲逃,我即攔阻,趁勢用右拳擊其胸部或腹部。

⑧ 如封似閉

【釋名】封閉者,封鎖格攔敵人之手也。如敵人進攻,即將雙手抽開,復向敵身推去,謂之封閉。

【功效】此式運動胸、肘、腰、腿各部,能癒肺、腎及手足麻木之病。

【用法】我用右拳擊敵,如敵用左手橫推我拳或肘時,即將右拳向懷內收回變掌,同時左手從下方攔敵手腕,騰出右掌按敵肘,復與左掌齊向敵胸部推按之。

⑨ 十字手

【釋名】十字手者,兩手腕相搭,交叉置於胸前,如十字狀,故名。

【功效】此式運動兩臂及膝、腿諸部,使腿部堅實而有彈力。

【用法】我兩手與敵兩手互相黏住,敵欲逃遁,即趁勢引領向前,使敵身前傾,我兩手乃向左右分開,使敵落空。復將兩手置於胸前,交搭成斜十字形,以防敵回擊之

用。

⑩ 抱虎歸山

【**釋名**】抱虎歸山者，假設敵人為虎，將敵抱住，敵欲逃，即乘機向前擲之也。

【**功效**】此式運動肩、背、腰、腿各部。

【**用法**】敵用左拳由我身後右面擊來，我即轉身以右手摟開敵臂，用左手擊敵面部；如敵欲逃，我即進身伸右臂抱敵，趁勢擊之。

⑪ 斜單鞭

【**釋名**】此式與單鞭式同，唯方位宜斜，故名。

【**功效**】與單鞭同。

【**用法**】與單鞭同。

⑫ 肘底看槌

【**釋名**】右手置左肘底下為槌，看守以防敵人之進攻，是名肘底看槌。此亦太極拳五槌之一也。

【**功效**】此式運動肩、肘、腕、胯、腰各部，使諸關節靈活。

【**用法**】敵用右拳擊我左肩，即以左手格開敵拳，用右拳擊敵胸部。如敵用左手來格，即將右拳撤回左肘底下，復用左拳擊其下頦。

設敵又用右手來格，即以右拳趁勢由左肘下直擊敵胸部，則敵無法逃脫此拳矣。

⑬ 倒捻猴

【釋名】倒捻猴者，以猴輕靈活躍，性喜撲人，以手引之，俟其前撲時，即退步抽手，另以掌按其頭頂之意。

【功效】此式運動腰、脊、肩、臂、膝、腿各部；可治腎足之病。

【用法】敵用右拳擊我胸部，即用左手摟開，以右掌擊敵面部。反之，敵用左拳擊我胸部，即用右手摟開，以左掌擊敵面部。

⑭ 斜飛勢

【釋名】斜飛勢者，如鳥斜展兩翼而飛狀，故名。

【功效】此式運動腰、腿、兩臂；可癒腎病。

【用法】敵用右拳向我左方襲擊，我即以右手採敵右腕，趁勢用左手進擊敵脅部或面部。

⑮ 海底針

【釋名】海底針者，即用手向海底點刺之意。海底，乃人身之穴名也。

【功效】此式鍛鍊脊椎之力。

【用法】敵用右拳擊我，即以左手往外摟開，以右掌擊其胸部。

如敵用左手握我右手腕時，即將右掌略往後撤，復向下直伸，則敵力被化散也。

⑯ 扇通背

【釋名】用兩臂為扇幅，脊骨為扇軸，如扇之開合形；而運用脊背之力，使通於兩臂，謂之通背。

【功效】此勢運動脊背，使脊力通於兩臂及腿部。

【用法】敵以右拳進擊，我以右手刁住敵腕，向上提起，化散敵力，復以左掌擊其脅部或胸部。

⑰ 撇身槌

【釋名】撇身槌者，閃身向後，轉腰部，右掌變拳撇出，故名。此太極拳五槌之一也。

【功效】此勢運動腰、腿、肘、腕各部；而使腕力發達。

【用法】敵由身後擊來，我即轉身，以右拳撇出，擊其下膊，以左掌擊其面部；彼思逃遁，復以右拳向敵胸擊之。

⑱ 左右雲手

【釋名】雲手者，左右兩手往來運行不斷，如雲之旋繞狀，故名。

【功效】此勢運動腰、背、臂、腿諸部；可癒手足麻木及腰背疼痛之病。

【用法】敵用拳擊我右方，我以右手捋敵，化解其力，趁勢發勁擊之。若敵迎面擊來，以右手化散其力，以左手擊敵腹部。

反之，敵用拳擊我左方，我以左手捋敵，化散其力，

趁勢發勁擊之；若敵迎面擊來，以左手化散其力，以右手擊敵腹部。此勢手法往來運行，如雲之旋繞狀，絕無停滯，故敵進擊時，則被擲出也。

⑲ 高探馬

【釋名】收步聳身，向前探出，如乘馬之探身狀，故名高探馬。

【功效】此勢運動腰、胯、膝、腿各部；能治腎臟之病。

【用法】敵用右拳擊來，我以左手接其腕，復用右掌擊敵頸項或面部。

⑳ 左右分腳

【釋名】分腳者，左右腳向兩邊分踢之謂也。

【功效】此勢運動腿部，使筋肉發達。

【用法】敵用右拳擊來，我以兩手纏住敵腕，以左手挑擊其臂，趁彼不備，即起左腳踢敵肋部。反之，敵用左拳擊來，我以兩手纏住敵腕，以右手挑擊其臂，趁彼不備，起右腳踢敵肋部。

㉑ 轉身蹬腳

【釋名】此勢向後轉身，腳尖向上，腳踵向前蹬出，故名。

【功效】此勢運動腿部及足踵。

【用法】敵由後擊我背部，我即轉身閃過，趁勢起腳蹬敵胸、腹等部；兩手隨之分開，防其摟腿也。

㉒ 栽槌

【釋名】栽槌者，右拳左掌，由上向下擊去，如栽植物狀，故名。亦太極拳五槌之一也。

【功效】此勢鍛鍊脊椎之力。

【用法】敵用右拳擊我胸部，我以左手向外摟開，用右拳擊其腹部。

㉓ 二起腳

【釋名】二起腳者，連續踢左右兩腳也。

【功效】此勢運動肩、臂、胯、腿各部。可治手足麻木之病。

【用法】敵用左拳擊來，我以兩手纏住敵腕，以右手挑擊其臂，趁勢起右腳踢敵脅部；設敵以手摟我右腿，即將右腿撤回，再起左腳踢之。

㉔ 打虎式

【釋名】打虎式者，如武士打虎狀，故名。

【功效】此勢運動腰、脊、膝、腿各部；鍛鍊脊力，且使腿部肌肉發達。

【用法】敵兩手握我左臂，我向左方後撤，化散其力，以右手握敵左臂，同時左手由下而上，轉擊其頭部。

㉕ 雙峰貫耳

【釋名】雙峰貫耳者，以雙拳由兩旁貫擊敵人兩耳，

其快如風，故名。

【功效】此勢運動肩、臂、肘、腕各部。

【用法】敵用左拳擊來，我以左手纏住其腕，以右掌擊其面。如敵以右手挑我右掌時，即起右腳蹬敵肋部或腹部。若敵再以左手下摟我腿，用右拳當胸擊來，我即將右腿收回，以手格開敵拳，趁勢以雙拳由兩旁繞上貫擊敵人兩耳。

㉖ 披身踢腳

【釋名】披身踢腳者，身作斜披勢，左腳向前踢出也。

【功效】此勢運動脊、腰、腿各部。

【用法】敵用右拳擊來，我即披身，以右手握其腕，左手挑其臂，趁勢起左腳，踢敵脅或胸部。

㉗ 野馬分鬃

【釋名】此勢運行如野馬奔馳；雙手分展，如馬之頭鬃，披落兩旁。

【功效】此勢運動頭、臂、胸、腰、胯、腿各部。可治腎病、手足麻木及輕微之肺疾。

【用法】敵用右拳當胸擊來，我以右手按其腕，進左足至敵右腿後彎，同時以左手進擊彼脅部或胸部。敵若用左拳擊來，我以左手按其腕，進右足至敵左腿後彎，同時以右手進擊彼脅部或胸部。

㉘ 玉女穿梭

【釋名】所謂玉女穿梭者，運轉四隅，往來不絕，如機織穿梭狀也。

【功效】此勢運動肩、肘、腕、腰、腿各部，而鍛鍊其收縮力。

【用法】（1）敵用拳擊我頭部，我以左手向上掤化敵臂，以右掌擊其胸部或脅部。

（2）敵由後面擊我背部，即轉身以左手採住敵腕，進右步，以右手向上掤化敵臂，以左掌擊敵胸部或脅部。

㉙ 下勢

【釋名】下勢，乃身體由上降下之意。

【功效】此勢運動背、膝、腿、足腕各部；鍛鍊脊椎及腿部之力。

【用法】敵用猛力前撲我身，我即以雙手下捋敵臂，同時身體下坐，使敵落空而前仆，復趁勢擊之。

㉚ 金雞獨立

【釋名】此勢如雞與鶴之獨立形；一足立地，一足提起，雙手做展翅狀。

【功效】此勢運動腰、脊、兩腿，使腿部堅實有力。

【用法】敵用右拳擊我胸部，則以左手下按敵腕，以右手擊其下頜，乘敵不備，提起右腿，以膝擊其小腹。敵如思遁，我右足即落地，以左掌擊其面部。敵以手格我

掌，則速起左腳踢其腹部。

㉛ 劈面掌

【釋名】劈面掌者，拳術名詞，以掌劈擊敵人面、胸各部也。

【功效】此式運動肩、臂二部。

【用法】敵用右拳擊來，我以右手下按其腕，進左步，以左掌背劈擊敵面部。

㉜ 十字擺蓮

【釋名】右腿向旁擺踢（旁踢為擺蓮腿），左掌成十字形，故名十字擺蓮。

【功效】此式運動腿部。

【用法】敵從後方以右拳擊來，我轉身以左手格之，趁勢起右足，由旁踢其脅部。

㉝ 指襠捶

【釋名】此勢乃進擊敵人下部，故名。亦為太極拳五捶之一。

【功效】此勢運動肩、背各部；鍛鍊脊椎之力。

【用法】敵用右拳擊我腹部，即以左手格開，趁機以右拳擊敵下部。

㉞ 七星

【釋名】七星乃拳術名詞，技擊家以兩拳相叉於面前

為「七星」式。

【功效】此勢運動腕、腿各部。

【用法】敵用右拳擊我胸部，我以兩手上架，同時起右腳踢之。

㉟ 跨虎

【釋名】跨虎亦拳術名詞，技擊家以雙臂前後分張，右掌左鉤，步為虛式，是名「跨虎」。

【功效】此勢運動腕、肘、頸、肩、腰、腿各部；而鍛鍊其伸縮力。

【用法】敵用右拳從右側擊來，即以左手刁住敵腕，以右掌擊其胸部。如敵用左手來格，即趁勢起左腳踢之。

㊱ 雙擺蓮

【釋名】雙擺蓮者，右足提起，向旁擺踢雙掌，故名。

【功效】此勢運動腿部。

【用法】敵用右拳由後方擊我側面時，即轉身以右手接其拳，以左手推其臂，趁勢起右腳從旁踢敵脅部或背部。

㊲ 彎弓射虎

【釋名】此勢如古代人打獵時，在馬上拉弓射箭狀，故名。

【功效】此勢運動肩、肘、腰、胯各部，而發達其肌肉。

【用法】敵用右臂從上方下劈我時，我以雙手接住敵

臂，向右引領，使敵落空，復趁勢以雙拳擊之，則敵跌出也。

☯ 陳炎林論太極拳諸勁

‖ 陳炎林 ‖

陳炎林，名公，生平不詳，太極拳家。中醫骨傷科醫師，為太極拳名家田兆麟之弟子，著有學術專著《太極拳刀劍桿散手合編》。

‖ 詳論太極拳諸勁 ‖

勁與力，在未學拳擊之時，固無從分別，但已學拳擊，不可不分析了然。嘗見學習武藝數年之久者，仍莫名所以，殊屬憾事。

須知力由於骨，陷於肩背，而不能發；勁由於筋，能發，且可達於四肢。力為有形，勁則無形。力方而勁圓，力澀而勁暢，力遲而勁速，力散而勁聚，力浮而勁沉，力鈍而勁銳。此力與勁不同也。

少林拳中之力，有直力、橫力、虛力、實力之分。直力顯而橫力隱，虛力剛而實力柔。未學者，力直而虛，是真力也；已學者，力橫而實，此乃勁也。但勁之中，又分創勁、功勁、崩勁、沾勁等，初學者多創勁、功勁、崩勁。創勁太直，難以起落；功勁（即藝勁）太死，難以變化；崩勁太促，難以斬接；要皆強勁，露形而不靈。

藝高者多為沾巧勁，又靈又捷，不見其形，手到勁發。未中之先無勁，既中之後無勁，惟中肯之傾，疾如閃電，一發便收，斂氣凝神，毫不費力。夫陽勁以剛勝，陰勁以柔勝，如大風過處，百草俱偃，此為少林拳中之上乘功夫，太極拳亦然，全尚巧勁而不尚拙力。

其人呆力愈大、愈厚，則巧勁愈小、愈促。故勁之門類甚繁，例如沾黏勁、聽勁、懂勁、走勁、化勁、借勁、發勁、引勁、提勁、沉勁、拿勁、開勁、合勁、拔勁、掤勁、捋勁、擠勁、按勁、採勁、挒勁、肘勁、靠勁、搓勁、擻勁、捲勁、鑽勁、截勁、冷勁、斷勁、寸勁、分勁，抖跳勁、抖擻勁、摺疊勁、擦皮虛臨勁等，其中尤以沾黏勁、聽勁、懂勁、化勁等數勁，為該拳中之擅長特點，若能將此數勁瞭解，用之於身，則可明了太極拳之奧妙矣。

雖云太極拳至大成時，僅尚意而不尚勁。然初學者，升階有級，入室由門，必須從勁著手，蓋不知用勁，即不明運氣之功；不明用氣之功，則不知太極拳真意。所謂登高必自卑，行遠必自邇，可見用勁實為學習太極拳之初步綱領。故本篇對於勁之一項，撮其大要，分析述明，以為初學者之研究焉，茲將各勁分述如下。

◆ 沾黏勁

即不丟之勁，主前進，為太極拳中最需要之基本內勁，由推手而來。

初練時，兩手不知所覺，猶如木棍。漸復由手而臂、

而胸、而背,以至周身皮膚,逐漸生有感覺。有感覺,始可沾黏;有沾黏,始可將敵吸住,為我所制。

此種沾黏,須由高明教師引領之,宛如蓄電池之過電,教師為一有電之發電機,學者為一無電之蓄電池,引領猶如過電,功成則如發電機已將電過入於蓄電池中,嗣後蓄電池亦能單獨發電,俗稱餵勁;以其如慈母餵食於小孩,日久以後,小孩亦知自食方法。

故練習此勁至相當程度後,皮膚上有似雲似霧之氣,如漆似膠,一遇敵手,即不丟不離,非但兩手如此,周身皆然;其藝愈高者,氣愈厚,而面積愈大。但此氣不能自觀,僅能自覺,或使具有同樣功夫者,互相感覺耳。故藝高之人,於推手時,一搭手即知對方程度,其理即在彼此沾黏圓圈面積之大小也。

此勁為練習太極拳推手中最重要者,初步必須練習,否則不能研究其他諸勁,此為初學者不可不注意也。

◆ 聽勁

此聽,乃周身皮膚感覺之聽,非通常用耳之聽也。故在未練習聽勁之前,必須先練沾黏勁,若不明沾黏,則不能聽。或以推手之綱領,全在懂勁;而未知不聽,即不能懂(懂其動作變化),猶如言語,若不用耳靜聽,即不能會解人意,故欲懂,非聽不可。

太極拳之聽勁亦然,非先將己身呆力俗氣拋棄,放鬆腰腿,靜心思索,而斂氣凝神以聽之不可。

夫不懂,如何能走?不走,如何能化?不化,如何能

發？由此可知太極拳中之聽勁，甚為重要，希學者深注意焉。

◆ 懂勁

能聽，然後能懂，此固為一定之理。然聽或不準確，即不能全懂。故懂勁一門，亦甚困難，非由名師口授與自己切實研究不可，經相當時期後，方能全明其理。

在太極拳推手中，未懂勁之先，固易犯頂、偏、丟、抗等病。然已懂勁後，往往易犯斷、結、俯、仰各病，此乃後者，在似懂非懂之間。斷、結無一定之標準，皆因視聽不能準確，尚未能達於真正懂勁之境，倘能閃、還、撩、了、轉、換、進、退，行動自然，隨心所欲，如是，方可謂真正懂勁也。

真正懂勁之後，即能得屈、伸、動、靜之妙，開、合、升、降之效。見入則開，遇出則合。看來則讓，就去即升。果能到此地步，即入神明之域。太極拳論中所云，「懂勁後，愈練愈精」，此之謂也。

在未懂勁前，若先求尺、寸、分、毫，斯為小功，不過末技而已。所謂能尺於人者，實非先懂勁也；必須懂勁後，神而明之，自能量尺、量寸、量分、量毫。能量，然後能節、拿、抓、閉，到此境界，又分自己懂勁、於人懂勁二種。自己懂勁，接及神明，能反探戰己身中之陰，時時皆然，俗謂陽得其陰，水火即濟，乾坤交汞，性命葆真矣，此乃修道中要訣。

若於人懂勁，視聽之際，隨遇變化，不著思慮形相，而無往不宜，自得太極之妙，此即技擊中之要綱。

上述兩種，乃為太極拳之大成。故習太極拳者，非懂勁不可，如莫名此道，則難與言太極拳者矣。

◆ 走勁

即不頂之勁，主後退，由懂勁而來。不懂如何能走？譬如人來勢，或高或低，或橫或直，或坐或有，或長或短，原無一定標準，若不懂其勢，如何能走？走者，走避人之重力，而不與之相抵之謂也。

故搭手時，手部一覺人有重意，即變為虛。如遇偏重，則偏鬆之；遇雙重，則偏沉之，瀉去其力，隨彼之力方向而去，不稍抵抗，使人處處落空，毫不得力，所謂左重則左虛，右重則右杳也。然初學者非遇大勁不走，是尚有抵抗之意，而非懂勁後之真走也。

走勁之樞紐，全在腰腿，腰腿無功，亦屬徒然。學者對於此節，亦不可不知焉。

◆ 化勁

化勁由黏勁與走勁而成，不丟不頂，隨感隨化，前進後退，左顧右盼，相濟不離。

化之要點，全在我順人背，若能達此境界，則彼雖有千斤之力，亦無所用。故化勁在太極拳中洵為重要，而化勁中須略含掤勁，無掤勁則又不能化，化勁要非以手或肩化之，全用腰腿；若用手或肩，是謂硬撥，非真太極拳之化勁也。

倘能順人之勢，或高或低，或橫或直，快慢相合（化

之太快，不能引其入筍，過慢仍未化去），沾而化之。至於直來曲化，或左或右，或上或下，使彼勁路變更方向，在乎隨機應用耳。

但往復須有摺疊，進退須有轉換，使人不知己之勁路，直至對方勢背為止，是謂真化也。化後乃可拿可發，要亦不可化盡，化盡則己之沾黏勁易斷，而去勢隨之遠矣。又不能化之過後，過後則勢背，不能前進。

至於化敵之發勁，須俟敵勁將出而未全出，將至而未全至之頃，隨勢而化，勿太早或過遲；太早未到，無有所化；過遲已著，化之無益。至於化圈之大小，藝愈高者，圈愈小，反之則越大。或以太極拳全尚軟化者，非也，該拳實乃有化有發。化之得勢，則發亦自可矣；化不得勢，何能言發。全由學者領悟運用耳。

藝高者，後化即前進，其上身似往後化退，但下步同時已前進矣，此為以退作進之法，誠奧妙無窮焉。反之，初學者泰半以退步為後化，實不知此乃逃避，而非真化也。上乘者外操柔軟，內涵堅剛，此堅剛非有意之堅剛，實乃練工日久，自然增長之內勁也。

所難者，內含堅剛而不施於外；即迎敵化人時，亦以柔軟應付堅剛，使人堅剛盡化無存。然此步功夫，何等深玄，要非沾、黏、連、隨，已由懂勁而達神明之域者，不能輕靈玄妙，收四兩撥千斤之效也。

◆ 引勁

引勁即人不動，而引其動；或人既動，而引其入於己

之路線是也。

　　人僅知化勁、拿勁、發勁，而不知有此引勁，實則引勁處於化拿之間，而較化為難。蓋對方來勢，不能隨己心欲，故必須用引勁以引之。

　　譬如兩物行走，方向不一，則無由相合，必須引之，然後乃能相合。至引之方法，須化到對方之勁將盡未盡時，如此方可引之入殼。易言之，引勁乃欲引出對方背勢中之焦點。遇對方藝淺者，固易為之。若稍有能為者，又須用假引之法，如引高打低，引直打橫；或故出一虛拳以引之，使彼丹田氣上升，失卻重心，在驚惶之際，出其不備，即可拿而發矣。

　　故在發之先，須有拿；在拿之先，須有引；在引之先，須有化，斯為一定之理。此種引勁之法，非專習有年者不能成，因引勁非僅手引，同時亦須應用身法、步法、腰法等。蓋引之愈長，則發之愈有勢，故太極拳論中所謂「進之則愈長，退之則愈促」即此意也，但終不離沾、黏二字，是又不可不注意。

◆ 拿勁

　　此勁較引化兩勁，尤為難學，且在太極拳中頗為重要。

　　蓋不能拿，即不能發，能拿方可發。發之不中，皆由拿之不準。拿實為發之先鋒，拿至敵發呆頓而己之意到時，即發其焦點，未有不中的。

　　惟拿時須動作輕靈，重則易為人知覺，變化脫去。其

難亦即在斯將拿未拿到之頃，若拿到後，敵即不能脫去。故拿之妙，妙在人不知不覺之間。但拿人必須拿其活節，如腕、肘、肩等處，否則易被人化脫。雙手拿人猶如以秤衡物，重者秤錘移於外，輕者則移於內，務使高低輕重相等，勿失其衡。

拿時除沉肩垂肘，含胸拔背，斂氣凝神外，己之重心，尤須注意；務須尾閭中正，頂懸步穩，勿失重心。所謂拿人不過膝，過膝即不拿，乃此意也。

如離人遠，非己進步不可，不然有失去重心之虞。拿人非手拿，手拿鈍而易化，拿之樞紐，全在腰腿。拿人非力拿，力拿呆而易脫，拿之主使，全在意氣。而拿之步法、身法、方向亦均重要，非口授不可。功深者拿人，一搭手無論何處，一索即得，且能使被拿者身不自主，隨其所欲，俗曰入筍。

但藝高者，往往拿而不發，其理乃因拿到後，人既知勢敗必負，已認屈服，可毋庸再施發勁，令人更覺難堪，此亦君子之道也。

拿又分有形、無形二種。有形者，拿之圓圈愈小，其功夫愈深；反之圓圈愈大，其功夫愈淺。無形者，在二人皮膚相黏，各施引拿時，藝淺者之圓圈，常被藝深者遮蔽。此種奧妙功夫，雖由名師教授，然非本身練之以恆，不克有成。

◆ 發勁

欲擊人，非發勁不可。不知發勁，焉能擊人，更無以

言拳擊。其以太極拳為養身者可無言，如欲防身，則非知發勁不可。因太極拳若僅知化而不知發，是乃知守而不知攻。須知化中有時不能手手化淨，豈能安然無事，一有失敗，即牽連全部。進言之，縱不求勝於人，至少亦應不敗於人。故非一化一發（即一守一攻）不可，如此可使敵不能致全力於發，亦須顧及於化矣。

故前輩發人有「出手見紅」之語，意為一出手即使敵人跌倒，不令人攻而守，或己守而攻，免得多費時間與精神也。意為至理名言，否則既須注意於守，又須注意於攻，反使己之精神分散，為人所乘。

太極拳中之發勁，分有截勁、長勁、沉勁、鑽勁、寸勁、分勁、冷勁、斷勁、抖跳勁等。其中截勁較長勁為猛；鑽勁較沉勁為厲；分勁較寸勁為狠，其發人能將人雙足離地，以一次騰出為佳，如人雙足不能離地，僅帶跳、帶退為次。

後者緣氣與勁不足，爰不能摧敵根騰起焉。至於冷勁，因引發人於不知不覺，故其勢甚猛，用之固不易，但為藝高者所不取，蓋有損於君子之道也。

何謂斷勁？斷勁乃在引人得勢後，中間內勁稍斷，隨即以全身蓄勁，直發於人身；此勁猛烈異常，用於不知太極勁或知而不精者，最為靈驗。

習固不易，但亦為藝高者所不取，蓋因斯勁之發，全皆暗昧不明，殊非丈夫所為。

相傳昔日楊班侯發人，能使人雙足離地，一跌騰出三丈六尺。在今人觀之，楊之藝事可謂高超矣，然其父楊露

禪反不以為是，其理亦以彼之發勁，實含有斷冷性，而非光明磊落，用心意巧發也。

此外尚有抖跳勁，當己勁與敵勁黏住時，即用腰腿勁抖拍之，敵身則雙腳騰起，亦應之而拍於地，如拍球然；尤奇者，先拍之若干下，復以長勁發之，敵發出後，亦能騰跳若干起，故此勁甚為奧妙。

發勁中除借勁、鑽勁外，其他諸勁在未發之前，均須有化、引、拿。拿之得勢，方能言發，不然，發亦無效。此在初學者，固覺困難，然一勁通後，他勁亦可通矣。未有精一勁，而不能使用他勁者也。

學者於習發勁之初，當先知勁路。人之全身，何處為根，何處為枝，何處為葉；人之上身，何處為根，何處為枝，何處為葉；人之下身，何處為根，何處為枝，何處為葉。夫人之全身，足為根，身為枝，頭為葉；人之上身，肩為根，肘為枝，手為葉；人之下身，腿為根，膝為枝，足為葉。故拿人、發人，須先制其根，是謂登堂入室，亦即摧敵摧根是也。

能明此旨方可發人，否則猶如緣木求魚，終不可得，然以勁發人時，必有三種要點：（1）機勢，（2）方向，（3）時間。

機勢，即己勢順，敵勢背，敵之重心偏於一方，顯露其焦點。易言之。敵之重心已失，身上有一部分發呆（即拗住之一點），同時其氣上升也。方向或上或下，或左或右，或正或隅，必須隨敵之背向而發之。

時間須恰當其時，即在敵舊勁已完、新勁未生之時候

（發呆時）或後退之時，不可或早或遲；早則敵勢未完，易生頂抗之弊；遲則敵已發覺，而生變化。

此三者，不可缺一，如知機勢而不知方向，易犯落空或與敵相頂之弊；然知機勢與方向，而不知時間，亦易犯頂抗或發之不足等弊。果能三者俱全，則發人甚易，猶如彈丸脫手，無往不利；反之，發勢雖猛，仍無效用可言。

除此三者意外，尚須注意己與敵之距離。過遠則勁不能達，太近則己勁被悶閉，不能發出。至於發勁之高低、上下，亦有關係；人高我高，人低我低。人過低則我發其上部；人過高我則發其中部，或下部。而敵之身軀長矮、大小、輕重，亦概須留意。

大抵矮者，宜發其上部；長者，宜發其中部、下部之間；上下輕重相當者，宜發其中部；上輕下重者，宜發其下部；上重下輕者，宜發其上部；此種輕重，可於推手時，用沾黏勁與引化勁偵知之。

發之地點，有時發其呆實處，有時發其虛而不能變化處，有時手指引其力出，而以掌發之。總之，虛虛實實，先使敵意氣散亂，引出來其焦點，然後發之；並隨屈就彎，人屈則隨其屈以發之，人彎則就其彎以發之，可隨機而運用。

夫藝高者，己之焦點甚小，而發覺人之焦點甚大；且在敵之身上任何一部分，皆能引出焦點而發之，同時己身之任何一部分，均可以發人；而其發人，又在一剎那之間，隨引隨發，誠令人驚羨不置也。

發勁時，須求周身一致，且出於不知不覺。發者本身

自覺愈無勁，而受者愈覺沉重。反之，本身自覺出勁甚猛，但被擊者，並未受得如其理想中之重量。此中原由，實因發者自覺有勁，其勁並未全部透出，其自覺無勁者，彼勁已全部透出矣。故發勁須如放箭，曲中求直，當完全吐出，毋稍停留於手臂中。

蓋發多不暢者，每有三停，以上肢言，一停於肩穴，二停於拐肘，三停於掌根；以下肢言，一停於髀，二停於膝，三停於踵；以中部言，一停於胸，二停於腹，三停於丹田。發時，己身應尾閭中正，虛領頂勁，含胸拔背，沉肩垂肘，坐腕伸指，兩臂直而不屈（**內勁如九曲珠之成一大珠式**），同時將背脊骨稍加凸出，並坐腰鬆胯，如槍彈出膛之狀；但坐腰不能向後，向後則勁縮於後，而不能前發矣。

發勁中內部氣之運用有二。

一由前往後，俗謂由先天往後天，是為丹田氣沉；再由丹田逼出，貫之於四肢。

一為由後往前，俗謂由後天往先天，是為氣貼脊臂；再由脊臂而出，貫之於四肢。

發人之勁，一如拋物，欲拋則拋，切不可稍有要拋不拋之疑慮。設有此思慮，則意氣易斷，意氣既斷何能發人？故發人時，須斂氣凝神，目注對方，切勿視地，防人跌倒。視地則勁往下，太極拳論中所謂「仰之則彌高，俯之則彌深」即此謂也。

須知神之所在，意氣隨之，勁雖發出，而意氣依然不斷，所謂「勁斷意不斷，意斷神可接」是也。

藝高者能隨化隨發，其中含有一小圓圈，功愈深則愈小，半圈化與半圈發，因此常不見其形，此即所謂進即是退，退即是進，收即是放，放即是收也。

相傳昔時楊健侯一日坐於庭中，手持煙筒吸菸，其徒前趨請益，乃命徒以拳盡力擊彼腹，徒拳將著，楊在一笑一哈之頃，將腹一鼓，徒跌出庭外，楊仍安坐吸菸如常，其徒竟不明由何勁而被拋出。

楊之長子少侯，在金陵時，一日道遇瘋犬，犬撲其腿，將及未及之際，楊用膝一屈，犬即騰出數丈，此皆上乘發勁之妙用，亦神乎其技矣。

◆ 借勁

為太極拳中奧妙而上乘之發勁，非藝高者不能應用。因借勁之發人，無引無拿，期間僅含有少許化勁耳；隨到隨發，發不加思慮，其速猶如風馳電掣，乘人之勢，借人之力，高來高往，低臨低去，無須覓其焦點背勢，能使敵不知不覺而出。其尤奇者，敵來亦去，敵不來亦往，來勢愈大，則被擊之勁愈猛。打手歌中所謂「牽動四兩撥千斤」者，即借勁之謂也。

能借勁，則力小可挫力大，弱者可攻強者，倘更能善於此道，則人之任何部分，皆可借之；而己之任何部分，咸可發之。

惟發人時必須腰腿一致，沉肩垂肘，含胸拔背，尾閭中正，以意氣發出。尤須顧及時間，不可或早或遲，早則敵勁未出，何由假借？遲則己身已中，無能為矣。

最恰當之時間，為敵勁將出猶未全出，或將到而未全到之際，在斯一剎那間，發之方為有效。猶如人之入室，一足正將踏入，而室門忽閉，人即無從入內，而反被門叩出。又若人之說話，正待開口發音時，即掩之，口被掩捫，氣阻音塞，無言矣。

由此可知借勁之學習，實匪易事，倘能運用自如，是謂太極拳中之上乘者。上述發勁項內，楊家父子所發之勁，蓋即此借勁也。

◆ 開勁

見入則開，即見人勁來時，化開之謂也。開勁乃方勁，而有開展之意，用以達人之內門，其勢非常勇猛，用時身法、步法，皆有相連關係，距離不能過遠，過遠則不能運用。開時須用腰腿勁，加之以意氣，並非只用手臂；若僅以手臂硬開，則呆而鈍。開敵至適當程度，恰到好處時，當即發之。過則己勁易斷，即失效用，不足又反為敵所乘。總之，須開至己順人背時為止，開之得勢即可直迫敵身，任意所為。

但藝高者，往往故意自開其門，任敵進入，待彼深入即乘機反攻之，此種反施之法，合於老子所謂欲取姑先予之說；又如竊賊盜物相同，若不入汝室，何以捕之？待彼入後，將盜汝物時而捕之，既容易，又合理。

開勁在十三勢拳架中，應用甚多，如提手上勢、白鶴亮翅、如封似閉等，要在學者自能檢討之耳，開勁非僅化人，亦可發人；其發人含有掤意，故開後即須發，不發則

失其機矣。

◆ 合勁

開之反為合，俗謂一陰一陽，一開為陽，一合為陰。有開必有合，有合必有開，故開合二字，有連帶關係，就去則合，即乘敵去合之之謂也。

合為圓勁，亦即緊湊之意。合時用腰腿勁，須沉肩垂肘，含胸拔背，氣黏脊背，在十三勢拳式中，如提手上勢、手揮琵琶、如封似閉、合太極等，皆有合勁之意。合勁於太極拳中，甚為重要，發勁時多含此意。蓋能將周身之氣，合而發敵之焦點，則敵無不創焉。

故十三勢行功心解所謂「行氣如九曲珠，無往不利」一說，即發勁之時，合眾氣一鼓而出，如九珠合而為一。蓋發勁無此，則氣不能凝，不凝則散，發亦無效。

◆ 提勁

提即提上拔高之謂，亦即太極拳中「沾」之一字，其效用乃拔敵之根，使其失去重心，敵重心即失，則勢敗矣。惟本身重而提身輕者固易，反之則難，非用巧法不可。

此種巧法，即乘人不覺時，往前進步，用腰腿勁向上沾提，使人在不知不覺間，失去重心。至提之方法，全在腰腿，非用手提，手提則重而笨，易被人發覺。故提時，足部當取穩實，丹田氣鬆，虛領頂勁，其貼脊背，尾閭中正，斂氣凝神，眼神注視對方，大有拔山提嶺之概。

　　此外對於方向、距離、身法及步法，尤應與對方湊合；不然，仍屬無效。是在運用者隨機應變耳，提之得勢，加以後引，則無論何勁，皆可發擊，敵未有不出焉。此即打手歌中所謂「引進落空合即出」之意也，但提勁非藝高者不辦，不然反為人乘虛而入，弄巧成拙，學者不可不注意也。

◆ 沉勁

　　沉與重，人均以為一也，實則非耳。蓋重為有形，沉為無形，重力呆而滯，沉勁活而有似鬆非鬆、似緊非緊之形，與重絕不相同。

　　學者在推手時，對於沉、重、輕、浮，大多不能分析了然，故每易誤入歧途。著者有鑒於斯，特將該沉、重、輕、浮四字，縷述如下，俾習者有徑可踵，而達正途。

　　蓋雙重為病，由於填實，填實則氣閉力呆。雙沉不為病，因其活潑能變。雙浮為病，由於飄渺。雙輕不為病，因其自然輕靈，然輕浮亦不等也。半輕半重不為病，偏輕偏重斯為病。

　　因半者，半有著落也；偏者，偏無著落也。偏無著落，則失方圓；半有著落，不出方圓。半沉半浮為病，失於不及；偏浮偏沉為病，失於太過；半重偏重為病，滯而不進；半輕偏輕為病，靈而不圓；半沉偏沉為病，虛而不實；半浮偏浮為病，芒而不圓。然則果如何而後可，吾曰：雙輕不進於浮，是乃輕靈；雙沉不進於重，是乃離虛；此二者，斯為最佳也。

總之，內須輕靈不昧，而外氣清明；能留於肢體，始為正法。發勁能沉，則敵出更厲，因丹田之氣，由背而臂、而手，達於敵身，使敵騰空躍出，如拍球然；拍之愈急，其升愈高。此勁頗猛，為發勁中重要之一。

太極拳論中所云「如意要向上，即寓下意，若將物掀起而加以挫之之意，斯其根自斷，乃壞之速而無疑。」即上述大意也，學者不可不注意耳。

◆ 掤勁

此勁在推手中，甚為重要。推手如無掤勁，一搭手後，即為人壓癟，無以相抗。但掤敵非用手臂，須用腰腿，加以意氣，使敵不易攻入，此為防守之法。

若欲發敵，則未掤之先，應往後向下，用引勁誘之，使其勁出而顯有焦點，復借其勁而掤之，無不獲勝。否則對方勢必空虛，無由借假，不能掤也。

掤之地點，以人活節或拗處為最佳，蓋使其不易化脫也。掤至適當時機，亟須發擊；不然，徒勞往返，有何意義？掤發人時，須凝氣斂神，眼神注視對方，若掤東視西，則無效矣。

◆ 捋勁

捋者，一手（掌緣近腕處）沾人腕部，一手（肱部）沾人臂，捋其至己身後，所以補其他發勁之不足也。蓋其他發勁，敵多往後跌出，如彼已知此弱點，故將重心前仆，不使後仰，斯時當用捋勁，乘其前仆，即引捋之，使

彼前仆而跌至己身後方。然功淺無沾黏勁者,可勿用之,蓋易被人乘隙而直入也。

縱有沾黏勁者,若将之不得其法,亦多不克制敵。其故有二。一則不能引敵,蓋未将之前,須故意先用掤勁,掤則對方必起抵抗,有此抵抗之力,方可将也。二則不明将之方向。

初學者将之方向,多用直線,此在藝高者有身法、步法,固能為之;若技藝不精,反不如用三十度左右之斜角線為佳;因前者之勁,易被滑脫,後者猶可借人勁也。将人之主動關鍵,全在腰腿與意氣,而非手臂也。

夫将之初,己身腰腿應略上升,掤至胸口前,人背己順時,乃坐腿鬆胯,轉腰而将發之。但已過則不能發,未到亦然。蓋已過則勢盡,發亦無能,未到尚難得勢也。故以将發勁時,須全身精神貫之,眼神尤須注視對方,即對方跌倒,亦須注視勿怠,此即十三勢行功心解中所謂「勁斷意不斷」是也。

将勁在推手中,甚為重要,不能将,即不能使對方前俯,更不能移動其重心。重心不動,取勝難矣。

◆ 擠勁

擠者,以肱部(即前臂)擠擊人身之謂也。為推手中主要動作之一,不可過高過低。擠生於敵将己之後,故欲擠之勢足,先須故意任彼将足,而變擠擠之;擠亦可用於人靠之後。但擠不能用手臂之力,須用腰腿勁,加以意氣,其姿勢應圓滿,勿生棱角,頂懸身正,沉肩含胸,尾

閭收住，上身勿向前仆，免失重心。

若用力擠，則己臂反易為敵借勁，故藝高者能將擠氣貫於人之足部，使人處於背勢，身體不得自由。其發可用長勁、沉勁、截勁等。惟初學推手，在四手中，泰半缺擠一手，故推手盤圈不甚圓滿，希學者加以注意焉。

◆ 按勁

按乃以單手或雙手按人身之謂也。按以順步為得勢，否則不易為也。按中有開合之意，並含有由前往後之一縱圓圈；如僅直按，即失效用，而反為人所制。至按之開合，須手足相應，前進後退，有升降之勢。

藝高者用按法，以起步為虛，落步為實；虛則為引，實則為發。按須用腰腿勁，加以意氣；又須眼神注視，虛領頂勁。然亦不可去之太速，太速，反易被人借勁。如能借腰腿之前伸，手臂蠕蠕按出，人必覺累而受制矣。

按時須頂懸身正，沉肩垂肘，含胸拔背，坐腰鬆胯，收住尾閭，上身勿前仆；仆則重心向前，易被捋出，故須謹慎。凡藝高者按人，大都在其真勁未發之前，即可使對方勢背，自動傾仰跳跌。

按之發勁中，亦分有長勁、截勁、沉勁等，尚望運用者隨機而施之也。

◆ 採勁

採即以手執人手腕或肘部，往下沉採之謂也。其效用與捋略同，欲使敵人重心已向前時，而乘機更使其前仆。

此採非用手，手採則功效小，須用腰腿勁，加以意氣。

採如得勢，能使對方頭昏眼眩，連跟全身採起，跟起即可發之。惟採人不能採兩邊，因只採一邊，可使對方重心偏於一方，否則反被其借勁而不失重心。

夫採人不可採得過輕，輕則易為所借，故不採則已，採則必須採足，方為有效。採時宜己身中正，沉腰坐腿，含胸拔背，沉肩垂肘，氣沉丹田，眼神下視。太極拳論所云「仰之則彌高，俯之則彌深」，即此謂也。

十三勢拳架中，「海底針」一勢，即為採之用法，「海底針」後連以「扇通背」，是即採後隨發之意。

◆ **挒勁**

此勁在太極拳中，不甚運用，故知者甚少，不如掤、挒、擠、按、採、靠等勁為人所熟悉，然此勁實甚重要，學者不可不知。

譬如己在傾仰勢背之際，欲使轉順，即須運用此勁，他勁不能為也。挒勁用於挒或採之後。其用法，一手按住人臂，一手即用手背反挒人之領際，使人後仰傾跌。如己被人用野馬分鬃，至勢背後仰之時，即可用挒以轉順勢，反借其勢，使之後仰，此即藝高者所謂「吃何樣還何樣」，彼欲使我仰跌，我即以仰跌還彼也。

挒又分橫挒、採挒等法，但均須用腰腿之勁，而不用手也。用時應注意與對方之距離，不可過遠，遠則無效；故當用身法步法，使之湊合，方為有效。此外尤須防己內門，否則弄巧成拙，反為人乘隙而入矣。

◆ 肘勁

手之擊人（包括掌、拳、腕），應有相當距離。太遠固易犯手未到而勁已斷之病；過近則勢閉，而又不能發。故欲彌此缺點，在距離過近、用手不得勢時，惟有用肘勁以助之。肘為人之二門，較手為短，發之得勢，較手為猛，可直攻人之心窩，是為毒手。

發時須與膝相合，用腰腿勁加以意氣；而身體正直，虛領頂勁，含胸拔背，沉肩垂肘，尾閭收住，眼神注視對方，亦為主要條件。

大捋中之肘，含於人捋己時，以肘還擊之。推手中之肘，含於分開人手之時，一手執人手，一手用肘擊其胸口。此勁雖屬凶猛，然用不得其法，反為敵借勢，故用時不可不注意之。

◆ 靠勁

靠乃以肩靠人之胸口，其勢又較肘更屬，用之於己身與敵距離更近之處，助肘之被閉而不能發勁時。

靠時己身中正，肩與胯合，不可以肩硬碰敵身。須在己身與敵雙方皮膚稍相接觸之際，以腰腿勁，加以意氣靠之。或上、或下，隨機而行。

至於己之身法、步法，尤應注意。順步須插入敵之襠內，成丁字形，否則不能得勢。

靠在大捋中，用之甚多，故學者極易明瞭。惟靠時應虛領頂勁，含胸拔背，尾閭中正，眼神注視對方，即對方

已倒亦然。

此外更須防護己之面部，及所靠之手臂。不然，一有疏忽，則易為人擊面，或摵臂之虞。故靠時另一手須護於靠之手臂肘彎處，以防不測。能靠，則身瘦勁小者亦可以攻力厚之人，因肩部較手勁、肘勁為大故也。

◆ 長勁

即柔慢而伸長之勁，用之於手、臂、肘、肩、腰、胯、膝、腿、足，或周身各部均可。在推手中，引拿人之後，將己勁漸漸伸長，發於敵身焦點之上。倘其後化至不能化時，勢必勝出。如遇敵勁阻擾，則己勁須繞曲前進，隨其勢，勿丟勿頂，有隙則進。

斯種情形，若以線穿一九曲之珠，勁大線折，不能進；勁小遇阻，亦不能進；非隨其曲彎勢，以巧勁穿之不可。《十三勢行功心解》內所謂「行氣如九曲珠，無往不利」一說，即此謂也。發時須沉肩垂肘，尾閭中正，用腰腿勁，加以意氣。

藝高者用長勁時，或先用截勁，參以長勁；或先用長勁，至敵將出未出時，補以截勁。先截後長，則對方先倒退，退至長勁完時復騰出；先長後截，則對方先騰出，後倒退。因先後所發之勁，咸蓄於敵身，先入後出，後入先出。

譬如彈簧，旋之愈久，則馳亦愈久；旋之愈暫，則馳亦甚暫，非馳至盡處不止。夫太極拳之奧妙，即在於此，故練習太極拳者，長勁不可不知也。

◆ 截勁

一名剛勁，用之於手、臂、肘、肩、腰、胯、膝、腿、足，或周身各部均可。其運用全在引人落空，將知而不能變化之際，隨即對其中心發之，故其勢速而促；被擊之人，跌勢甚猛。

發時應虛領頂勁，含胸拔背，沉肩垂肘，尾閭中正，斂氣凝神，用腰腿勁，加以意氣，眼神注視對方，即對方已倒亦然。此勁發出，有弧線形及直線形二種，隨勢應用，初學者欲用之得法，固非易事。

◆ 鑽勁

即入勁，用之以指或拳，其用於與人皮膚相觸之時，如鑽之入木，旋轉而入。此勁甚為勇猛，可以擊傷人之內部。用時含胸拔背，沉肩垂肘，虛領頂勁，氣沉丹田，全以意氣發出。

此勁亦可破人內功，如氣功、閉口功之類，確為太極拳中之專長勁。但用之地點不合，即易傷人，初學者可不必深究，以免傷人，故本編亦從簡而言。至於此勁之練法，及發人何處穴道，非經名師口授心傳不可。

◆ 凌空勁

此勁異常奧妙，近於神祕，而非目見者所能信，實乃一種精神上之作用而已。藝高者發此勁時，僅須口中一哈，對方即雙足離地而後退；蓋因被發者，精神已為發者

所吸引，無可抵抗。

然被發者必須先明沾黏等勁，故一哈之後，即由感覺而後退，否則發者仍無效。此勁雖奧妙莫測，但學者可不必深求，僅作遊戲觀可耳。

相傳昔時楊健侯、少侯父子，能吸引燭火近尺，一手隔之，火光遂熄，即凌空勁中之一法，惟此功夫今已失傳云。

以上為太極拳主要之勁，或沾、或走、或引、或化、或拿、或發，此外尚有撥勁、搓勁、撅勁、捲勁、寸勁、分勁、抖擻勁、摺疊勁，及擦皮虛臨勁等，種類甚多，因非必須，故從略。

總之，功夫先練開展，後練緊湊。緊湊得法，再研究尺寸分毫，由尺而寸、而分、而毫，達乎縝密，乃不動而變。至於用法，能懂、能化、能拿、能發後，太極拳中任何一勢一式，或另一種散手法，或已至少林派拳中一著，均可參入應用，只須分清外門、內門，上、中、下三部，得機得勢，隨意運用，不必拘於一式，或一法也。

學者如欲求各勁之徹底瞭解，非由高藝名師口授心傳不可，本編僅述其大要耳。

‖ 十三勢解 ‖

十三勢，或以為乃十三種姿勢者，實謬也。十三勢者，即八門五步也。八門即四正、四隅。四正，乃掤、捋、擠、按，四隅乃採、挒、肘、靠。方位八門，乃陰陽顛倒之理，週而復始，隨其所行，以身分步，則有五行，

以之支撐八面。五行者，進步為火，退步為水，左顧為木，右盼為金，中定為土，而以中定為其樞紐，此乃十三勢之原理也。

至十三勢拳式，又稱為長拳者，蓋昔日練太極拳者，皆從單式著手，一式熟後再練一式，因恐日久易生油滑，或入於硬拳也；故無一定拳路，直至各式皆練習純熟後，互相聯貫，合為一套，以其滔滔不絕，週而復始，稱之謂長拳，故長拳即十三勢拳，亦即太極拳，非謂太極拳外，別有所謂長拳也；至今人之所謂另有一長拳者，乃後人編造，而非正傳。

‖ 太極拳中節拿抓閉解 ‖

太極拳之深奧，不僅盤架子、推手、大捋、散手、刀、劍、桿子等，有沾、黏、化、發諸勁而已；昔日尚有所謂節、拿、抓、閉四種功夫，惟因原理深邃，不易傳習，以故迄今漸漸失傳，殊深扼腕。

本編為不厭求詳計，略加闡述，務使學者皆能知其大概，並望藝高者共同研究之。

節者，節絡；拿者，拿脈；抓者，抓筋；閉者，閉穴。絡若被節，則血不周流；脈若被拿，則氣難行走；筋若被抓，則身無主裁；穴若被閉，則神氣全無。血不周流，猶如半死；氣不行走，呆若木雞；身無主裁，則勁斷死；神氣全無，則難生存。

夫推手至相當功夫後，手能得尺、寸、分、毫，即可以量人；能量人，即能節絡、拿脈、抓筋、閉穴。惟節不

量，可由按而得；拿不量，可由摩而得；抓不量，可由推而得；至於閉，非量不可，若不量即不能得其穴也。

此種功夫由尺而縮至寸、分、毫，人身有百八穴，七十二穴不致命，三十六穴能致命，而內有七穴可以立時絕氣死亡。

穴被閉時，如皮膚灼火，似夢地受驚，可使分骨絕筋，斃命於頃刻間。倘遇得解，則如唔道忽醒；而閉者，必須明其所具，知其所發，神其所用，然後乃能入竅。譬如射矢，倘能明其中心，不偏不斜，斂氣凝神，即無不中的，此為閉穴之大概情形。至於節、拿、抓、閉之四種功夫，非名師點傳不可。

註：此篇拳論出自署名為「陳公（陳炎林）」所著的《太極拳刀劍桿散手合編》一書，初版由上海國光書局於民國三十二年（1943 年）六月份冊出版，1949 年 1 月再版時合訂為兩冊線裝本。

此書係由太極拳名家田兆麟口述，並由田兆麟學生石煥堂等人拍攝拳功照片，並找畫工線描勾模演示，然後由田兆麟學生陳炎林執筆完成。

☯ 喻潤川論太極拳之勁

◆ 喻潤川

生平不詳。據喻潤川先生長子喻魯生云：「我記得父親曾兩次習楊氏太極拳。第一次是在北京念大學的時候，

直接從楊澄甫先生習太極拳。三十年代武漢太極拳愛好者擬聘請楊澄甫先生來武漢傳授太極拳，當時因楊澄甫先生已受上海聘請，故派其高足崔毅士先生來武漢教太極拳。當時教拳的地點是武昌蛇山抱冰堂內，崔毅士先生把他的長子帶在身邊輔導練拳。我的父親第二次就是師從崔毅士先生習楊氏太極拳。」

喻潤川先生在其 80 歲高齡時，編寫了《太極拳概要》一書，自序云：「練太極拳數十年如一日，以至年屆八旬而飲食睡眠如常。」可見先生精神健旺，養生有得，太極功夫深厚。

‖ 勁與力之區別 ‖

勁無形而力有形。勁沉而力浮。勁聚而力散。勁由筋而達於四肢，可發可放；力由骨阻於肩背而不能發。太極拳尚巧勁而不用拙力，呆力愈大者，巧勁愈小。螺旋勁、抽絲勁、麻花勁如千年枯藤，不易拆毀，即引即發，蓄發相變，即用巧勁之謂。

‖ 太極拳之勁 ‖

太極拳的八種勁別，由鍛鍊拳路得來，茲分述如下。

① 掤勁

練太極拳全身無一處無掤勁。和人推手時如無掤勁，即為人壓癟。

掤勁分防禦和攻擊兩方面。掤乃有彈性之勁，如蓄氣

於球內，此按彼起，令力不得下落，但必須用腰腿勁，加以意氣，此就防禦方面言之也。

在攻擊方面說，如未掤之先，若想發人，應往後向下用引勁誘之，使敵勁出，焦點顯露，借其力而發之。若敵不用氣力，無由假借，即不能發。

掤乃單手或雙手向上激出之勁，掤之地點，以人之活節或拗處為最得勢，使人不能滑脫。

② 捋勁

凡人掤擠我時，用捋勁以舒散其力，使人力騰散，不得復聚。用捋勁時，一手掌沾其腕，一手肱部沾人臂外面，捋至己身左右邊，補其他發勁之不足，使人跌至己身後。

未捋之先，故意用掤勁。到己胸口前，使人抵抗，一變即捋。捋之方向，以弧線為好。捋發之時，必坐腰、鬆胯而轉腰。捋發之際，必須借人之力。如已過則勢盡不能發。未到尚難得勢，不能使人前俯，更不能移動其重心；重心不動，不能傾倒。

掤勁居於人手下而向圈外，捋勁係居於人手上而向圈內。由捋旋轉以變掤，謂之逆抽絲；由掤旋轉而變捋，謂之順抽絲。掤捋兩勁，隨便倒換。捋為蓄之功用居多，掤為發之功用居多；掤捋倒換，勁效顯著。

③ 擠勁

擠乃補助掤不夠之勁，多用於雙手互相交叉，亦可謂

之左右手的合勁。擠生於人捋時，我順勢將身前升、屈臂，將另一手補其腕部而擠之。擠亦可用於人靠之後，但擠不可用手臂之力，必須用腰腿勁加以意氣，身體勿向前俯，免傾重心。

擠用雙手，防禦固而變化多，攻守並備。須雙手俱有掤勁，如車輪之功用，旋轉自如，變化自靈。

擠亦可用於捋人之後，順勢加以擠勁，使其傾倒，所謂捋擠不分。

④ 按勁

按勁。以一手或雙手向下沉按，使對方之足跟浮起。彼用擠時，我乃變捋為按，以順步為得勢，並含有由前往後之縱圓圈；如直按，反易為對方借力。

用按時，以起步為虛、為引；落步為實、為發。按必用腰勁，手臂蠕蠕按出，敵人必覺累而受制；上身重心勿前俯，恐被人捋。

按人時，必須在其真勁未發之前，即可使對方勢背，自動後跌。按須範定一點，不使對方滑脫，以掌根和指為主，變化時，即可為採和其他三勁。

掤、捋二勁近於走，按、擠二勁近於沾。捋近蓄勁，掤近運勁，擠近接勁，按近發勁。拳譜云：「掤捋擠按自四手，須費功夫得其真。」

四手以四正手為主，係在圈內。若遇對方大開大合，必定越出圈外。若出圈，四正不能用，必用四隅手補救之，四隅即採、挒、肘、靠是也。

⑤ 採勁

採乃反方向之擠勁；擠為合勁，採為分勁。

採即以手執人腕或肘，往下採沉，使人重心向前者，更使其前傾；採則順手來勢，接取其勁，此法即挒之變，挒則把持在人手臂外面，採則在內。

挒必雙手順人方向並用，採則以單手接抓。採用雙手時，乃一手外掤，一手順勢下採，如取樹上果品一樣，一手執枝，一手摘果。用採之手，亦須抽絲向後下斜採，並非平向後採。

採如得勢，使對方頭暈眼花，全身連根拔起，即可發之。採人不可過輕，輕則易為人所借力，不採則已，採必採足。

⑥ 挒勁

挒法係執人之手，反捩其勢，控其關節，即一處以制其全身，亦挒之變；還有因我勢背，來不及還著，用另手照對方面部閃挒，趁其驚惶，轉敗為勝。

挒為擊勁之一種，求擊中而不求擊倒，遇對方有空隙或拗處，順其方向而擊之。挒時，一手用挒，另手須有裏纏絲勁以保持身體平衡。

挒時，須與對方相距數寸遠，方可用之，當用身法步法與之湊合。挒必須挒和採之後，一手按人臂，一手用手背反挒人領際，使之後仰傾跌。

如已被人用野馬分鬃式至勢背後仰之時，即可用挒以

轉順，反借其勢，使之後仰跌出。

⑦ 肘勁

肘為擊人之二道門，遇手出圈時，貼近己身，亦為出圈，不及用採挒補救，只可用肘擊之；比手短而力猛，發之得勢，可直攻人心窩，是為毒手，不可用。

發時須與膝合，大捋中之肘，含於人捋己後，以肘還擊之；推手中之肘，含於分開人手之時，一手執人手，一手用肘擊其胸部。

用肘勁之時，則手腕間之勁轉換至肘點，肘以下如指腕處，則空空無物；若對方防肘勁時，則肘以下之手，自可回歸中正，此乃是以隅手補助正手之法。

⑧ 靠勁

靠為擊人三道防線，乃以肩擊人胸口或腋下，較肘更猛。

如有用雙手挪時，來不及收回，只用靠以濟其窮。靠用於與人距離較近，所謂七寸靠，亦有離地七寸用肩靠人膝以下者，在上為肩靠，在下為膝靠；以胯為發勁之樞紐，迎面為腹靠，轉身為背折靠。除手足外，以身擊人者均為之靠，如能節節貫串，即能節節發人；所以用靠時，必須手足失其用以靠補救之。身進似擠，激出似挪。靠須己身中正，肩與胯合，腳根發勁，順步用靠，就插入對方襠內成丁字形。

靠時須防己之面部及靠邊之手臂，恐對方擊面或撅

臂。故靠時，另一手順護於靠邊之手臂處，以防意外。

能靠，則身瘦勁小者可以攻力大者，因肩勁較手足勁大故也。

四隅手中，採挒二勁用於制止浮飄亂舞之手居多，用在沾黏之先，以救四正手之不及；肘靠二勁，因個人勢已出圈無法挽回時，用在沾黏勁之後，以補助四正手之太過。因不及和太過，均係病手，所以在推手時有不過界之說也。

以上所列八門勁別在太極拳全套架式中，均係隱於內之勁，不可顯於外。若外顯，則內勁不能生，意思用不尚，近於外家拳術之滑脫病態。

太極拳除以上八勁外，還有沾、黏、走、借、拿、長、發等勁。茲分述如下。

① 黏勁

黏由不丟而得。黏勁發生後，方可將對方吸住，為我所制，我順人背謂之黏，此勁出來後，皮膚上似有雲霧之氣，如膠似漆，一遇敵手，即不丟不離，不僅手上有，周身皆有。氣雖厚，而不能目睹，僅自知耳。

四字密訣：敷、蓋、對、吞，無形無聲，是以氣言，全身發之於毛，亦意氣為之也。

② 沾勁

沾如沾衣欲濕杏花之沾，又如蜻蜓點水，一觸即起，形容輕靈善變，活潑不滯之謂。與人交手，稍觸即知。所

謂彼不動，己不動；彼微動，己先動也。

③ 走勁

走勁，即不頂之勁。人剛我柔謂之走，此勁由懂勁而來。不懂不黏，如何能走。

人之來勢高低、上下、橫直、左右、長短、屈伸，原無一定方式，走化人之重力，不與之相抗；推手時，覺人有重意，即變為虛，遇偏重則鬆之，雙重則偏沉之，瀉去其力，隨其方向而去，使人處處落空，此勁全在腰腿。假令腰腿無功，即不能黏走。若黏化勁，須快慢相合，快則不能引人入筍，慢則不能化去其勁。

若化人之發勁，必須俟其勁將出而未全出，將至而未全至之傾。勿過早過遲，早則無有所化；遲則已著己身，化之無益。化圈以愈小愈好。

還有後化前進，即上身似化，下身同時前進；又有上半圈化，下半圈發之法；又如人以柔法聽我，我以柔法聽人。拳各有界，人引我進，只可至吾界邊，不可再進，倘再進則失勢，無有不敗者。

如人引我前進，未出吾界即變為剛，是人懼我，所以變為剛，我當乃以柔對之；如人引我至吾界，是時正宜窺彼之機勢，形色魄力如何，假令有機可乘，即以柔忽變為剛擊之。如到交界之際，強為支架，亦宜擊之。

如人引至吾界，不變柔為剛，柔勁如常，是對手也，當退看吾門戶；人若誤以我怯，貿然變剛，我但稍低其手，徐徐引之使進，且令其不得不進，至彼不得勢時，我

只以柔變剛擊之，不費大力，一轉即克之。

如人來擊，其勢甚猛，我不與之硬頂，手足與身順其來勁而卸之，步手落彼之旁面，讓過彼之風頭彼之銳氣，在彼前衝，不顧左右，彼向前之氣力，陡然轉至左右不易，我從旁擊之，以我之順力擊彼之橫面甚易，可拿可發，收四兩撥千斤之效。

④ 借勁

此勁僅含少許化勁，無引無拿，乘人之勢，借人之力，高來高往，低來低去，無須覓其焦點背勢，人不知不覺出去。

如果來勢愈大，則被擊之勁愈猛。能借勁力，小可挫力大，弱勁可攻強勁，人之任何部分可借，我之任何部分可發。

然必須注意時間、機勢、方向，不可或早或遲。早則人勁未出，無從假借；遲則已中己身，亦無從假借；須在人勁將出猶未全出，或將至猶未全到之一剎那間，順其方向，乘其機勢發之，最為有效。

⑤ 拿勁

拿較走為難，拿時須動作輕靈，使人不知不覺。又須拿其活節，如腕、肘、肩等處，使其不能滑脫。

雙手拿人，如以秤衡物，全憑力學，重者秤錘於外，輕則移於內，使高低輕重相等。拿時自己要穩定重心，不使丹田起浮，又要拿人不過膝；如離人過遠，須進步進身

才可以。

功深者拿人，一搭手即得，被拿者身不自主，名曰入筍。拿又分有形圈、無形圈兩種。無形者兩人皮膚相沾，稍一轉變即可引拿。

拿為發之先鋒，故發之先須有拿；拿至人發呆，而己之意到時，即發其焦點，即拗處。

⑥ 長勁

此勁即柔慢伸長者，或激出亦可，用於手臂、肩、肘、腰、胯、膝、腳和周身各部均可。

惟手之長勁，須用肩肘勁，但必須腰、腿、腳一致出發，才能發出勁來。化拿人之後，人現出焦點，即將己勁漸漸沉而長，發於焦點之上，彼必跌出。

用丹田之氣，由背而臂而手達於人身，使人騰空躍出，如拍球然。

拍之愈急，其升愈高。先用長勁，致人將出未出時，補以截勁；或先用截勁，再使人將知而不能變化之時，再參加長勁對其中心發之。

先截後長則人先倒退，退至長勁完時後騰出；先長後截，則對方先騰出，後倒退。因先後所發之勁均蓄於敵身，先入後出，後入先出。

⑦ 發勁

發勁之初，當先知勁路，故拿人發人，先制其根，所謂摧敵先摧根。

‖ 發勁有三要點 ‖

① 機勢

即我順人背，人之重心偏於一方，露出焦點，同時其氣亦上浮，重心不穩。

② 方向

與人推手時，無論上下、左右、前後、正隅，順其方向而發之。

③ 時間

在人舊勁已完，新勁未生之時，即發呆時或後退之時而發之。不可或早或遲，早則人勢未完，易生抵抗；遲則人已發覺，而生變化。

發人之距離亦甚重要，遠則勁不能達於敵身；太近則勁被閉悶，不能發出。發之地點，有發其呆處，有發其虛而不能變化處，有時用指引其力出而以掌發之。虛虛實實，先使敵意氣散亂，重心不穩，引出其焦點，即拗處而發之；並隨屈就彎，人屈則就其屈處以發之，人彎就其彎處以發之。

發勁時，須周身一致，發者本身自覺無勁，而受者愈覺沉重，因發者全部勁已透出，勿使稍停留於手臂中。發勁不暢達者約有三停：以上肢言，每停於肩、於肘、於掌；以下肢言，每停於髖、於膝、於踵；以中部言，每停

於胸、於腹、於丹田。發勁時，將背脊骨稍微突出，坐腰鬆胯，才能周身一家。

發勁中，內部運氣有二：一為由前往後，將丹田所沉之氣由丹田貫於四肢；一為由後往前，即將氣貼脊背，由脊背貫於四肢。

發人能將人雙足離地騰空而倒。發人者勁與氣不足，被發者僅帶跳帶退而已。發勁中，又分冷勁、斷勁、抖跳勁等。冷勁在引發人於不知不覺，勢甚猛；斷勁即在引發得勢後，內勁稍斷，即以身蓄勁直發於人身；抖跳勁即己勁與人勁黏住時，用腰腳勁抖拍之，敵身則雙足騰起，亦應之而拍於地。還有半圓化而半圓發，常不見其形而人已發出。

至於發人，高低上下亦須慎重。人過低則發其上部；人過高則發其中部或下部；矮者宜發其上部；長者宜發其中部下部之間；上下輕重相當者，宜發其中部；上輕下重者，發其下部；上重下輕者，發其上部。此種輕重可於推手時沾引化各勁探知之。

註：此篇《論太極拳之勁》摘自太極拳家喻潤川先生所著之 1979 年 10 月自印太極拳著作《太極拳概要》一書。此書印刷數量極少，開本亦很袖珍，但其內容則對太極拳之理法闡述較為詳盡透徹，是一本不可多得的太極拳學術著作。可惜印刷不多，存世較少，極易失傳，故收錄於此，以求保存歷史資料之用，更可供廣大太極拳愛好者參研學習。

第三卷　太極拳源流考略及名家軼事錄

楊家小傳

——陳炎林

　　楊福魁，字露禪，一曰祿纏。河北省（昔直隸）廣平府永年縣人。幼時至河南陳家溝從陳長興學習太極拳術。陳立身中正，不倚不靠，狀如木雞，人稱為「牌位先生」。

　　其時從陳習拳者皆陳族人，異性惟楊與其同里李伯魁二人而已，故陳姓頗歧視之。因是，楊居陳家數載，無所得。一夜楊醒，聞隔院有哼哈之聲，遂起越垣，見廣廈數間，哼哈之聲及由此而出。乃破牆隙窺之（迄今古蹟尚在），瞥見其師正教諸徒拿發諸術，大奇。自是每夜必往窺，與李互相結納，悉心研究，功夫乃大進。

　　後陳命楊與諸徒決，徒皆敗北，陳始驚楊為天才，遂盡授其秘術焉。

　　楊歸，傳授同里之人，從學者甚重。當時稱楊拳為化拳，或曰綿拳，以其動作綿而能化也。後至北平（昔北

京），清代王公貝勒等從其學者頗多，旋為旗營武術教師。性剛強，勿論何門何派，均喜與比試，嘗身負小花槍及一小包裹，遍遊華北諸省。凡所至之地，聞有藝高者輒拜訪，與之較量。即有人自認弗敵，亦必強與之較，但未嘗傷人。因武藝高超，所向無敵，故世稱「楊無敵」云。

楊生於嘉慶四年，卒於同治十一年。生三子，長曰錡，早亡。次曰鈺。三曰鑑。皆能傳父業。楊之生平軼事甚多，茲摘錄數則於後。

楊在廣平時，嘗與人鬥於城上，其人不敵，直退至城牆邊緣，足立不穩，身隨勢後傾，將墜落。

於此千鈞一髮之際，楊忽於二三丈外，陡躍而前，攀握其足，得不墜死。

楊善用槍桿，物之輕者，經桿一沾濡，可即起，無稍失。其救火輒以桿頭撥牆垣，使火勢不至蔓延。且能在馬上不用弓弦，僅以手指投箭，百無一失，亦絕技也。

一日天雨，楊坐堂上，見其女捧銅盆自外入，比及階，簾未揭也，而苔痕濘滑，女足適跛躓。楊即一躍而出，一手揭簾，一手扶女臂，女既未仆，而盆中之水亦竟涓滴未傾，其功力之神異，即小見大，於此可見一斑矣。

又一日，楊釣於河畔。有外家名拳師二人，適於楊之背後過。因素震其名，獨不敢與之當面較。今見楊正垂釣，以為有機可乘，擬從楊後推其背，使顛覆溺水，以損其名。乃相約躡足左右，同時疾趨以為進襲。

詎楊眼梢特長，已早審知有人暗算，於二人手猛力到時，遽以含胸拔背，高探馬一式之法，惟見其背一隆，首

一叩，二人同時被擲河中。乃曰：「今日便宜汝等，否則若在地上，將欲再加一手。」二人聞言，倉皇洇水而逝。

　　鈺，字班侯，人皆呼為二先生。生於道光十七年，幼隨父習太極拳術，終日孜孜苦練，不間寒暑。然其父猶不使少息，且備受鞭撻，幾至逃亡。

　　性剛強，善用散手，喜發人，往往出手見紅，被擊者常跌出三丈六尺之外。其功力火候，備臻上乘，惜不願多傳門人，以致曲高和寡，終成絕調，良可慨矣。

　　卒於光緒十六年，遺子一，名兆鵬。

　　鑑，字健侯，號鏡湖，人呼為三先生。晚年後人呼為老先生。生於道光二十二年，練功亦在幼時。其父嚴厲，終日督視，不使少怠，以致身心疲敝，不能勝任。曾擬雉經數次，幸均被覺，未果，可見當時練功之刻苦精神，卒能成其大名。

　　性較兄柔和，從業者甚眾。教習大中小三種架子皆備，其功剛柔並濟，已臻大成。當時他派中有善用刀劍者，與之交手，健侯僅以拂塵挫敵，每一搭手，多被擒拿，處於背勢，而不能近其身。

　　又善用槍桿，任何勁力均可發於桿頭，他人槍桿遇之，無不連人帶桿同時跌出。其周身皆能發人，而發勁輒在一笑一哈之傾。且善發彈，發無不中，三四彈在手中，往往能同時射中三四飛鳥。

　　尤奇者，止燕雀於彼掌心中，不能飛去。蓋因為鳥類在將飛前，兩足必先下沉，沉後得勢，方可聳身上飛。楊能聽其兩爪下沉之勁，隨之往下鬆化，則燕雀因無力可

借，故不能聳身飛去，由此可知彼聽勁與化勁之靈敏巧妙，絕非他人所能望其項背也。

晚年練功，常在臥式，衣不解帶，倏忽即醒。夜深時，侍者常聞其臥床作抖動之奇聲，卒於民國六年，無病而逝。在臨危前數小時，得一夢兆，知將死，呼家人及生徒至，一一叮囑。屆時沐浴更衣，含笑而終。有三子，長曰兆熊，次曰兆元，三名兆清。

兆熊，字夢祥，晚字少侯，後人呼為大先生。生於同治元年。

七歲時即習太極拳術，性剛強，亦喜發人。善用散手，有乃伯遺風。功屬上乘，拳架小而剛，動作快而沉，處處求緊湊。其教人亦然，因好出手即攻，學者多不能受，故從學甚少。彼對於借勁、冷勁、截勁、凌空勁，確有深功，惜不願多傳，故知之者稀。卒於民國十八年，有子一，名振聲。

兆清，字澄甫，後人呼為三先生。生於光緒九年。

性溫和。幼時不甚喜拳擊，年將弱冠，始從父學。父在，亦未深研拳中奧妙。父逝後，頓起覺悟，日夜苦練，終負盛譽。各種功夫，確由自研而得，誠絕頂聰慧之天才。如能幼時悉心從父學習，則其造就當不在乃祖之下矣。

身材魁梧，外軟如綿，內堅如鐵，引人發人，均臻上乘。其教人多屬大架子，以求姿勢大開大展，適與乃兄相反。因性情和順，從業者眾，譽滿南北。

卒於民國二十四年。有四子，長曰振銘，次曰振基，

三曰振鐸，四曰振國。

綜之，今人言太極拳，無不推崇楊氏，著者述楊氏三代祖孫小傳於此，有世代隆替之興感。大凡藝事，往往一代遜於一代，拳術亦然。以楊氏論，則露禪可謂登峰造極，莫與之京。然傳至其子已較遜，傳至其孫而俞遜，今少侯、澄甫子，亦各得遺傳。幸其子孫，克繩祖武，黽勉有加，則楊氏今名，得以保存矣。

註：此篇內容出自楊式太極拳名家陳炎林所著的《太極拳刀劍桿散手合編》，據云此書是由田兆麟口授，其弟子陳炎林潤色合編而成。其書內容真切，對太極拳進行了系統的闡述和講解，其中很多論述皆闡幽顯微、精闢透徹，堪為楊式太極拳之教科書。

由於田兆麟早年深得楊健侯器重，得其親傳，並於楊少侯、楊澄甫從小同宿共餐，每日一起練拳，其與楊家之淵源可謂深厚，是以對楊家之事亦知之尤詳，所以此《楊家小傳》所描述之楊家各代宗師之事蹟當非常真實，非道聽途說之小說野史家言所可比擬也。

太極拳之流派

——許禹生

自伏羲畫卦，闡明陰陽，而太極之理，已寓於其中。嗣更命陰康作大舞，以宣導湮鬱。黃帝作《內經》，採按摩導引諸法，均本太極之理，為無形式之運動。華佗本莊

子「吐故納新、熊經鳥申」，作《五禽經》，以授吳普。是時已開姿勢運動之先河矣。

唐許宣平（許先師，江南徽州府歙縣人，隱城陽山，結廬南陽，辟穀不食，身長七尺六寸，髯長至臍，髮長至足，行如奔馬。唐時每負薪賣於市中，獨吟曰：「負薪朝出賣，沽酒日夕歸。借問家何處，穿雲入翠微。」李白訪之不遇，為題詩於望仙橋云），所傳太極拳術名「三世七」，因只三十七勢而得名。其教練之法，為單勢教練，令學者——勢練熟，再授一勢，無確定拳路。功成後各勢自能互相聯貫，相繼不斷，故又謂之長拳。

其要訣有八字歌、心會論、周身大用論、十六關要論、功用歌等。傳宋遠橋。

俞氏（江南寧國府涇縣人）所傳之太極拳，名先天拳，亦名長拳，得唐李道子之傳（江南安慶人）。李居武當山南岩宮，不火食，第日啖麥麩數合，人稱之為「夫子李」云。俞氏所傳之人，可知者有俞清慧、俞一誠、俞蓮舟、俞岱岩等。

程氏太極拳術，始自程靈洗（字元滌，江南徽州府人。侯景之亂，惟歙州得保全者，皆靈洗力。梁元帝授以本郡太守，卒謚「忠壯」）。其拳術得之於韓拱月，傳至程珌（紹興中進士。授昌化主簿，累官禮部尚書，拜翰林院學士，追封新安郡侯，端明殿學士。致仕。精易理。著有《洛水集》），改名小九天，共十四勢，有用功五志、四性歸原歌。

殷利亨所傳之太極拳術，名後天法。傳胡鏡子（揚州

人）。

胡鏡子傳宋仲殊（安州人，嘗遊姑蘇台柱上，倒書一絕云：「天長地久任悠悠，你既無心我亦休。浪跡天涯人不管，春風吹笛酒家樓。」）。其式法十七，多屬肘法，雖其勢法名目不同，而其用則一也。

張三豐，名通，字君實，遼陽人。元季儒者，善書畫，工詩詞。中統元年，曾舉茂才異等。任中山博陵令，慕葛稚川之為人，遂絕意仕進。遊寶雞山中，有三山峰，挺秀倉潤可喜，因號三豐子。世之傳三豐先生者，不下十數，均未言其善拳術。

洪武初，召之入朝，路阻武當，夜夢玄武大帝授以拳法。且以破賊，故名其拳曰武當派，或曰內家拳。內家拳者，儒家之意，所以別於方外也。又因八門五步為此拳中之要訣，故名十三式，言十三法也。後世誤解以為姿勢之勢，則謬矣。傳張松溪、張翠山。

先是宋遠橋與俞蓮舟、俞岱岩、張松溪、張翠山、殷利亨、莫谷聲七人為友，往來之金陵之地，尋同往武當山。訪夫子李先生不遇，適經玉虛宮，晤三豐先生。七人共拜之，耳提面命者月餘而歸。自後不絕往拜，由是而觀，七人均曾師事三豐。惟張松溪、張翠山傳者名十三式耳。

或曰三豐係宋徽宗時人，值金人入寇，彼以一人殺金兵五百餘，山陝人民慕其勇，從學者數十百人，因傳其技於陝西。元世祖時，有西安人王宗岳者，得其真傳，名聞海內。著有《太極拳論》《太極拳解》《行工心解》《搭手歌》

《總勢歌》等。

溫州陳州同、曾多從之學，由是由山陝而流傳於浙東。又百餘年，有海鹽張松溪者，在派中最為著名（見《寧波府志》）。後傳其技於寧波葉繼美（近泉）。近泉傳王征南（來咸），清順治中人，征南為人勇而有義，在明季可稱獨步。黃宗羲最重征南（其事蹟見《遊俠遺聞錄》），征南死時，曾為作墓誌銘。黃百家（主一），為傳內家拳法，有六路長拳、十段錦等歌訣。

征南之後又百年，始有甘鳳池，此皆為南派人士。其北派所傳者，由王宗岳傳河南蔣發，蔣發傳河南懷慶府陳家溝陳長興。其人立身常中正不倚，形若木雞，人因稱之為「牌位先生」。子二人，曰耿信，曰紀信。時有楊露禪先生福魁者，直隸廣平府永年縣人，聞其名，因與同里李伯魁共往師焉。初至時，同學者除二人外皆陳姓，頗異視之。二人因更相結納，盡心研究，常徹夜不眠。牌位先生見楊之勤學，遂盡傳其秘。楊歸，傳其術遍鄉里，俗稱為軟拳，或曰化拳，因其能避制強硬之力也。

嗣楊遊京師，客諸府仰，清親貴王公貝勒多從受業焉。旋為旗營武術教師，有子三。長名錡，早亡；次名鈺，字班侯；三名鑑，字健侯，亦曰鏡湖，皆獲盛名。余從鏡湖先生交遊有年，諗其家世，有子三人。長曰兆熊，字夢祥。仲名兆元，早亡。叔名兆清，字澄甫。班侯子一，名兆鵬，務農於鄉里。

當露禪先生充旗營教師時，得其傳者蓋三人，萬春、凌山、全佑是也。一勁剛，一善發人，一善柔化，或謂三

人各得先生之一體。有筋、骨、皮之分，旋從先生命，均拜班侯先生之門，稱弟子云。

有宋書銘者，自云宋遠橋後，久客項城幕，精易理，善太極拳術，頗有所發明，與余素善，且夕過從，獲益匪鮮。本社教員紀子修、吳鑑泉、劉恩綬、劉彩臣、姜殿臣等多受業焉（吳為全佑子、紀常與凌君為友）。

☯ 太極拳源流考略與太極拳名人錄

——卞人傑

◆ 卞人傑

太極拳研究家，江蘇常州人。曾從師於徐哲東（徐震）學習文學和太極拳術，對太極拳有較深造詣。

徐哲東弟子鄭正之在《懷念徐哲東先生》文中講到：「常州弟子中以卞人傑、徐翔雲、程烈夫等人技藝為精，能傳其技。」

從 1934 年開始，卞人傑在上海《健康雜誌》和《勤奮體育月報》上發表了很多關於武術、養生等內容的文章。這些文章後來結集成書，出版了《國技概論》《國術初階》等著作。

‖ 太極拳源流考略 ‖

近年，太極拳風尚一時，研究的人著實不少。可是，太極拳究竟始於何時？傳自何人？差不多沒人能夠清楚地

說出來。然而，這兩個問題，又正是學者所需要知道的。為此，作本篇。

一般的傳說，多謂太極拳始於宋之張三豐，學者亦不加詳辨，大多誤信此說。於是，提到太極的源流，張三豐的名字跟著掛上了嘴角，幾乎成為必然的事。考黃梨洲的《南雷集‧王征南墓誌銘》：「少林以拳勇名天下，然主於搏人，人亦得以乘之。有所謂內家者，以靜制動，犯者應手即仆，故別少林為外家，蓋起於宋之張三豐。三豐為武當丹士，徽宗召之，道梗不得進，夜夢元帝授之拳法，厥明以單丁殺敵百餘。」稱三豐善拳術者，始見此書。

其次《寧波府志略》據王征南墓誌銘作的張松溪傳，也有和此相類的記載：「蓋拳勇之術有二：一為外家，一為內家。外家則少林為盛。其法主於搏人，而跳跟奮躍，或失之疏，故往往為人所乘。內家則松溪之傳為正，其法主於禦敵，非遇困危則不發，發則所當必靡，無隙可乘，故內家之術為尤善。松溪姓張，鄞人，師孫十三老，其法自言起於宋之張三豐。」

可是，上列二書，雖稱內家拳始於三豐，並沒有說起太極拳。一部分太極拳家，以為內家拳就是太極拳，內家拳是太極拳的別名，而以《太極拳論》的著者王宗岳得三豐嫡系之傳，來做太極拳始於三豐的證據。

但據《征南墓誌銘》敘述，內家拳傳授的源流：「三豐之術，百年以後，流傳於陝西，而王宗為最著。溫州陳州同，從王宗受之，以此教其鄉人，由是流傳於溫州。嘉靖間，張松溪為最著。松溪者，鄞人，師孫十三老，其徒

三四人，而四明葉繼美、近泉為之魁。由是流傳於四明。四明得近泉之傳者，為吳崑山、周雲泉、單思南、陳貞石、孫繼槎，皆各有授受；崑山傳李天目、徐岱岳；天目傳余時仲、吳七郎、陳宏茂；雲泉傳盧紹歧；貞石傳董扶輿、夏枝溪；繼槎傳柴元明、姚石門、僧耳、僧尾；而思南之傳則為王征南。」

只有王宗，沒有王宗岳。有人以為王宗和王宗岳的名字相類，宗岳或即王宗之誤。但相傳王宗岳是山右人，王宗卻是陝西人，姓名雖相似，籍貫卻不同。且征南墓誌雖稱王宗得三豐之傳，未言其有何著述。可見這種說法的不足憑信。

還有些人，明知此說不可靠，但又不肯放棄，故意轉圓其說，謂王宗岳是王征南所傳，故世不詳悉。但據王征南的學生黃百家，在《王征南傳》中說：「先生之術，所授者唯余；余既負先生之知，則此術已成廣陵散矣。」征南之傳只有黃百家一人，此說當然也不可信了。

不但太極拳和內家拳在史的方面絕對無關，即在本質上也大相逕庭。黃百家在《王征南傳》中敘內家拳的大要，稱其練法有練手者三十五，練步者十八，而總攝於六路十段錦之中。

其六路曰：「佑神通臂最為高，斗門深鎖轉英豪；仙人立起朝天勢，撒出抱月不相饒；揚鞭左右人難及，煞搥衡擴兩翅搖。」

其十段錦曰：「立起坐山虎勢，回身急步三追；架起雙刀斂步，滾斫進退三回；分身十字急三追，架刀斫歸營

寨。扭拳碾步勢如初，滾斫退歸原路；入步韜隨連進，滾斫歸初飛步；金雞獨立緊攀弓，坐馬四平兩顧。」和太極拳的譜名，完全沒有相類的地方。

又，內家拳的打法有「長拳、滾砍、分心十字、擺肘迎門、棄物投先、推肘補陰、彎心杵肋、舜子投井、剪腕點節、紅霞貫日、烏雲掩目、猿猴獻果、縮肘裹靠、仙人照掌、彎弓大步、兌換抱月、左右揭鞭、鐵門閂、柳穿魚、連支箭、雙架筆、金剛跌、雙推窗、順牽羊、亂抽麻、燕抬腮、虎抱頭、四把腰」等。

太極拳研究致用之術者，卻只有推手的方法；內家拳講究「搏人必以其穴，相其穴而輕重擊之，無毫髮爽者」，太極拳並沒有點穴的方法；內家拳有「不以為用，而所以神其用，非入室弟子，不以相授之『敬、緊、徑、勁、切』五字訣」，太極拳中所有的歌訣，無此一項；內家拳有破少林「摟地挖金磚」等法的所謂「衛擄」的手法，太極根本沒有這樣單零運用的散手。

夠了，即此幾點看來，設謂太極就是內家拳，何以這樣沒有一點相通之跡可尋呢？足證太極拳和內家拳無涉，和張三豐無涉。

除前說外，另有一說，以為太極拳在唐代就肇始了，並有四家之傳：「一曰三世七，始於唐許宣平，傳宋遠橋。一曰先天拳，亦名長拳，始於俞氏。俞氏者，得唐李道子之傳。李居武當山南岩宮，不火食，第日啖麥麩數合，人稱之為夫子李云。俞氏之傳，有俞清慧等。一曰小九天，始自程靈洗，傳至程珌；程則得之韓拱月者也。一

曰後天法，始於殷利亨；傳胡鏡子，胡傳宋仲殊。考許宣平，『徽州歙縣人，隱城陽山，辟穀不食。身長七尺六寸，髯長至臍，髮長至足，行如奔馬；唐時每負薪賣於市中。』見宋計有功《唐詩紀事》。」並沒有說起他會拳術。李道子、韓拱月、殷利亨，則無可考徵，均不詳何許人？既不能提出可信的證據，又不能敘述詳盡的源流，比前說更荒誕無稽了。

　　三年前，有稱陳溝嫡傳者陳子明氏，出版了《陳氏世傳太極》一書。說太極為其九世祖陳王廷所首創，書末並有唐范生為之考證。引陳氏所藏家譜，及陳王廷遺作長短句一首之前半：「陳王廷，又名奏庭，陳氏拳、手、刀、槍創始之人也。」「嘆當年，披堅執銳，掃蕩群氛，幾次顛險；蒙恩賜，枉徒然。到而今年老殘喘，只落得黃庭一卷隨身伴；悶來時造拳，忙來時耕田。趁餘閒，教下此子弟兒孫，成能成虎任方便。」以為「陳長興為世所知名之太極拳師，而在譜中注有『拳師』二字；同時，陳溝村人，至今不習外來拳法」以證太極的確始於陳氏。

　　然據上引二證，雖有「造拳」之語，並未說明所造者就是太極。且一種藝術的造就，決非一人之力所能完成。又據李亦畬太極拳小序：「太極拳不知始自何人，後傳至河南陳家溝陳姓；神而明之，代不數人。」

　　李亦畬是武禹襄的學生；禹襄之技，則得之於和傳楊露禪的陳長興同時的陳清平。李去二陳未遠，設太極果為陳氏所創，陳清平絕不會不對武禹襄說起；武禹襄假如知道這段歷史，也決不會不告訴李亦畬；而李氏更不必出此

數典忘祖之說。

然而，末後唐氏所說：「考明戚繼光《紀效新書‧拳經捷要篇》所載三十二勢的懶扎衣、單鞭、金雞獨立、保馬勢、七星勢、二換腿、雀地龍、跨虎勢等，和太極拳中諸勢的名稱及姿勢，大致相同，可證三十二勢即太極拳之前身。」這倒是確然的事實。

據個人的研究，太極拳的起源，或者就是如此。不過，就「拳經捷要篇」所繪姿勢及歌訣看來，純是外家拳（借用）的格式，一點沒有太極拳的意義。

據此，太極拳在當初，也許只是一套平常的拳術；後來經過許多人的研究和改革，才成為一種極精微的技術。而首先說明太極拳和別種拳術不同的是王宗岳，太極拳的衍變，或就在王氏時始臻成熟。其後，傳於陳氏，楊露禪和武禹襄聞名往學，流傳遂日廣。

但在河南得太極之傳的，我相信決不止陳氏一族。據李亦畬太極拳譜跋文說：「此譜得諸舞陽縣鹽店。」舞陽，清屬河南南陽府；如果沒有懂得太極拳的人，拳譜決不會流傳於該處。同時，譜中各篇文詞，皆陳氏所無，則又可為太極非創自陳氏的一個證據。

‖ 太極拳名人錄 ‖

希望在這裏可以約略看得出太極拳衍變的趨勢，並不單是給讀者以各個名人的印象而已。這是寫述本篇的宗旨。

本篇所錄，始於二陳，因二陳以前，從不乏名人，已

不可考信也！再，為力求簡明，故用文言敘述。

◆ 陳長興

河南懷慶人，世居溫縣之陳溝。得太極之傳。楊氏稱其技為蔣發所授，陳氏則謂是陳氏世傳，年遠代久，不可詳考。長興動止有威儀，身常中正，人因稱之為「牌位先生」。傳其技於廣平楊福魁。

◆ 陳清平

一作清萍，精於太極，居河南懷遠之趙堡鎮，廣平武禹襄聞而往從學焉。武禹襄與楊福魁相識，則清平與長興當亦同時。

◆ 楊福魁

字露禪，河北廣平人。聞長興之名，與同里李伯魁共往師焉。初至時，同學者皆陳姓，頗歧視之。二人乃深相盟結，習心研習，常徹夜不寐，長興喜其勤，遂盡傳其秘。露禪有三子，曰錡，曰鈺，曰鑑。既在北平充旗營教習，有高弟三人，曰萬春、凌山、全佑。於是太極遂有楊氏之學。

◆ 武河清

字禹襄，廣平人。同郡楊露禪得太極之傳，禹襄見而好之，常向詰詢；露禪深自秘惜，不肯輕授於人，僅能得其大概。既聞懷慶陳清平精是技，往訪之，從學月餘，精

妙始得，著有《十三勢行功心解》。傳其技於李亦畬。遂創開合太極之派。

◆ 楊錡

露禪長子，早亡，無傳。

◆ 楊鈺

字班侯，露禪次子，既承家學，又從學於武禹襄，故其技特精。敗外家名手「雄縣劉」於北平，一時名震京師，人稱「楊無敵」云。繼其父為旗營教習露禪之徒萬春、凌山等，乃又復師事班侯。

◆ 楊鑑

字健侯，亦字鏡湖。亦充旗營教習，傳其子兆熊、兆清及許禹生等。

◆ 李經綸

字亦畬，永年人。從其母舅武禹襄習太極數年，備極精巧。著有《五字訣》《撤放密訣》及《走架打手行功要言》，又《太極小序》一篇，合稱八篇。傳同縣郝和、清和縣葛順成。

◆ 萬春

旗人，得露禪、班侯之傳。傳授不詳。

◆ 凌山

旗人，得露禪、班侯之傳。傳授不詳。

◆ 全佑

旗人，得露禪、班侯之傳，授其子吳鑑泉。

◆ 郝和

字為真。得亦畬之傳，窺其精微。然嘗自謂終亦畬之世，雖朝夕追隨，終不能及。亦畬卒後，始得步其跡云。傳其子月如。遊於北平，又傳孫福全。卒於清末。於是太極又有郝家之學。

◆ 楊兆熊

字少侯，健侯子。得班侯之傳，故其架式與郝氏之學猶有相似之跡可尋，人因有謂為係練斷勁者。傳田兆麟、尤志學等。

◆ 楊兆清

字澄甫，健侯子，能傳家學。南來設教各地，傳授頗繁；武匯川、陳微明等，其尤著者。

◆ 吳鑑泉

得其父全佑之傳。授技北平，及都城南遷，因南來旅居京滬，傳褚民誼、徐致一等。

◆ 郝月如

幼承家學，技藝精強。嘗任教江蘇省國術館。既寓居金陵，以其術教授。客歲，病卒旅次，年五十九。

◆ 孫福全

字祿堂，河北完縣人。精於形意。逢郝為真於北平，遂從學太極。其後，又攙入楊氏之學，故其架式與郝氏又不盡同。嘗副長江蘇省國術館，從學者甚眾，創太極、形意、八卦三家合一之說，著有《太極拳學》，學者稱孫派云。

◆ 李香遠

會寧人。初習楊氏之學，未能饜其慾，既亦受學郝氏云。

◆ 陳子明

懷慶人，稱陳溝嫡傳，而謂太極係其九世祖陳王廷所首創。其架式與楊郝兩家又不相類。於是，近年太極復有陳氏之學。

以上所錄凡十九人，然而太極知名之士備矣！

註：此篇內容出自卞人傑所著之《太極拳練法的十二個基本要則》，其所記述的太極名家事蹟應是作者所處年代口耳相傳之資料，這對於瞭解歷代太極名家事蹟當有所幫助，其每條雖寥寥數語，但也大略描摹出每個人物的基本情況，特收錄於此，供廣大讀者瞭解研究。

☯ 太極拳術源流及名人軼事

—— 陳微明

‖ 張真人傳 ‖

真人，遼東懿州人，姓張，名君實，字元元，號三豐子，又號昆陽。或云姓張，名玉，字君寶，號元元子，宋末時人。

生有異質：龜形鶴骨，大耳圓目，身長七尺餘，修髯如戟。頂作一髻，常戴偃月冠，一笠一衲，寒暑禦之，不飾邊幅。人皆曰為張邋遢。所啖升斗輒盡，或避穀數月自若。

延祐間，年六十七，入嵩南，遇呂純陽、鄭六龍，得金丹之旨。

或云入終南得火龍真人之傳。秦淮漁戶沈萬山，好善樂施，真人傳以點石成金之術。元末，居寶雞金台觀，至正丙午九月二十日，自言辭世，留頌而逝。士民楊軌山，置棺殮訖，臨定竅復生，時年百三十歲矣。

入蜀至太和山，結茅於玉虛庵，庵前古木五株，賞樓其下，猛獸不傷，鷙鳥不搏，眾皆驚異。有人問仙術，絕不答；問經書，則論說不倦。常語武當鄉人曰，此山當大顯。明永樂間，敕修武當，真人隱於傭工，人皆不識。

孫真人碧雲為武當山住持，與真人來往，多受其教。永樂帝聞之，遣使屢召不赴，以詩詞托碧雲奏之。後以道授道士丘元靖，不知所終。

世傳太極拳術，乃真人所傳也。

‖太極拳術源流‖

拳術有內外家之別，外家傳自少林，內家始於宋之張三豐。三豐為武當丹士，徽宗召之，道梗不得進，夜夢元帝授之拳法，厥明，以單丁殺賊百餘。

三豐之術，百年後，流傳於陝西，王宗岳名最著。傳溫州陳州同。明嘉靖間，傳於張松溪。松溪恂恂如儒者，遇人恭謹，求其術，輒遜謝。有少林僧數輩，聞其名，至鄞訪之，遇於酒樓，一僧跳躍來蹴，松溪稍側身，舉手送之，僧如飛丸隕空，墜重樓下，幾死，眾僧駭散。

松溪傳於四明葉繼美近泉，近泉傳吳崑山、周雲泉、單思南、陳貞石、孫繼槎。崑山傳李天目、徐岱岳。天目傳余波仲、吳七郎、陳茂宏。雲泉傳盧紹歧。貞石傳董扶輿、夏枝溪。繼槎傳柴元明、姚石門、僧耳、僧尾。思南傳王來、咸征南。

征南搏人，每點其穴。有死穴、暈穴、啞穴。其術要訣，為敬、緊、徑、切、勤五字。明亡，終身菜食，以明此志，識者哀之。至清傳山右王宗岳。

《太極拳論》，宗岳所著也。數傳至河南陳先生長興，蔣先生發。長興授徒數十人。

廣平楊先生露禪，名福魁，傾貲從學。居數載，與同門諸人較，輒負。偶夜起，聞隔垣有呼聲，越垣見廣廈數間，破窗隙窺之，其師正指示提放之術，大驚，於是每夜必竊往，久之，盡得其奧妙，隱弗言。長興以露禪誠實，

一日召授其意，所言無不領會，長興異之，謂諸徒曰：「傾心授爾，爾不能得，楊生殆天授，非汝等所能及也。」厥後，與同門角，無不跌出丈餘，曰：「吾以報復也。」技成乃歸。長興傳楊露禪、李白魁、陳耕芸諸人，惟露禪最精。傳其子錡、鈺、鑑及王蘭亭諸人。

　　大先生錡早死無傳。二先生鈺，字班侯，傳萬春、全佑、侯得山、陳秀峰。三先生鑑，字健侯，傳其子兆熊、兆清、兆元、兆林、兆祥、劉勝魁、張義。兆熊字少侯，傳田兆麟、尤志學等。兆清字澄甫，傳武匯川、牛春明、閻仲魁等，兆麟等亦從學；許禹生亦從少侯、澄甫研究。予與徐苕雪、陳農先從澄甫先生學。全佑傳其子艾仁、夏貴勳、王茂齋。所不知者，尚多遺漏，不及備載。陳微明述。

‖ 太極拳名人軼事 ‖

　　中國拳術，千門萬派，不可闡述，惟武當派太極拳張三豐所傳，乃純粹內家，以其毫不用氣力也（渾身鬆開，不用氣力，方能長內勁）。廣平楊露禪先生受術與河南陳長興，傳於其子班侯、健侯。健侯傳於其子少侯、澄甫，今將楊氏及其弟子就余所知者略述其軼事如下。

　　露禪嘗習外家拳，其後聞河南懷慶府陳家溝陳長興者精太極拳。露禪傾產挈金，往懷慶從長興學。數年，偶與其師兄弟相較輒負。夜起溺，聞有聲於牆外，乃越牆往觀其異。見師兄弟輩群集於廳中，其師口講指授，皆拳中精意也。乃伏窗外竊窺，自後每夜必往。他日其師兄強露禪

與之較，露禪不得已許之，不能勝露禪，眾人驚異。其師招露禪曰：「吾察子數年，誠樸而能忍耐，將授子以意，明日來予室。」

翌日，露禪往見其師，假寐於椅而仰其首，狀至不適。露禪垂手立於側，久之不醒，於是以手承師之首，良久臂若折，而不敢少移。及其師醒曰：「孺子來耶？予倦睡矣。明日再來。」

露禪退，明日復如約而往，其師已陶然入睡鄉矣。露禪屏聲息氣而待之。其師或張目四顧，見露禪俟於旁，無怨色，且加敬焉。又言如前。

露禪第三日往，其師曰：「孺子可教也。」於是授之術，令歸習之。後其師兄弟或與之相比，而無有能勝之者。長興謂其他弟子曰：「予以所有之功夫與子輩而不能得也，不予露禪而已得之去矣。」

露禪學即成而歸，財產已盡，或薦至京師某富家，其家先有一教師，其人庸者而富於嫉心。聞露禪之來，心其不快，強欲與露禪鬥。露禪曰：「吾子必欲一較也，請往告主人。」主人曰：「子輩相鬥，以戲可耳，然不可至其命也。」露禪即至場中，直立而不動，教師力擊之，未見露禪之還手也，而教師已仆於丈外矣。

主人大異之，揖露禪而言曰：「不知吾子之功如是其深也。」於是設筵以款之。筵畢，露禪束裝辭去，留之不可。遂授徒於京師，是以京師之習太極拳者皆楊氏之弟子也。

露禪傳太極拳術於其子班侯、健侯，期望甚深，日夜

督責，二人不能勝任。一欲逃走，一欲雉經，皆覺而未果。然二人年未至冠已成能手，名震京師。有貴冑聞之，聘班侯為師，館於其家，月饋束修四十金，甚敬禮焉。

雄縣劉某者，忘其名，練岳氏散手，有數百斤之力氣，授徒千餘人。有人兩面挑撥，班侯志甚傲，聞之不平。遂相約於東城某處比試。一時傳遍都城，聚而觀者數千人。二人至場，雄縣劉即出手擒住班侯之手腕，班侯用截勁抖之，劉跌出，狼狽而去。班侯由是名聲大著。

班侯歸見其父，洋洋得意，眉飛色舞，述打劉之形狀。露禪冷笑曰：打得好，袖子已去了半截，這算什麼太極勁嗎？班侯聞言，自視其袖，果然，乃嗒喪而出。班侯云：「當其擒住手腕時，有如狗咬云。」

楊班侯弟子，至今惟有陳秀峰及富二爺二人。秀峰武清縣人，於澄甫先生同里，余未見之。富二爺住東城炒麵胡同，余聞澄甫先生言，及往訪之，年七十餘矣，氣態若五十。其子年過五旬，不知者以為昆弟行也。余道欽仰之意，富二爺曰：「吾雖為班侯先生弟子，未能傳先生之技，蓋不練者已四十餘年。」余問即得班侯先生之傳授，何以棄置不練？

答曰：吾父不許練也。先是吾兄習摔角功夫極好，每日歸必教吾摔角，後應募從軍至甘肅，臨行，囑吾曰：「摔角功夫不許間斷。」別數年歸，一見即問功夫如何。吾答曰：「久不練習矣。」兄聞之，意是不悅，吾乃告以從班侯學太極拳，如何不用氣力，如何能化人之勁，兄不信，以拳擊吾。吾用搬攔捶還擊，不意兄由堂屋跌出院

中，仰臥於地竟不能起。吾大驚扶之起，已跌傷矣。臥養數日始癒，父大責斥。由是不許練習太極，殊為可惜，亦由年幼太冒失故也。

富二爺又曰：「吾露禪師祖喜吾勤瑾，吾嘗在旁伺候為裝旱煙。年八十餘尚練功夫不息，偶至吾家坐談。一日天雨，泥濘栽道，師祖忽至，而所著雙履粉底尚潔白如新，無點污，此即踏雪無痕之功夫也。蓋太極清靈，能將全身提起，練到極處實能騰空而行。班侯亦有此功夫，知者極少，吾曾親見一次。」

師祖函招弟子，於某日齊到其家，謂欲出門一遊，有話吩咐。至期俱來，而門外並未套車，眾頗異之。是日師坐堂屋正中，弟子拜見畢，各裝旱煙一袋。肅立左右。師各呼至前勉勵數語，並傳授太極拳大意。頃之，師祖忽拂其袖，端坐而逝。

露禪師祖逝世後，停靈於齊化門外某寺內。方丈某，亦嫻武術。寺為向南正殿五楹，東西各有廂房數間。靈櫬停於西廂內，吾師及健侯師叔，宿西廂套間內，予亦隨侍焉。而東廂旋來一南省人，指甲甚修，語喃唶不可辨，不知為何許人。

一日，吾師等外出，囑予曰：「不可出此門並不許與東廂之南人接談。」予諾而異之。時予年十九，童心未改。師去後，悶坐無聊，靜極思動，勿忘前戒。啟關而出，至正殿遊戲，時右手托一茶碗，於殿上旋轉而舞，一躍而登方桌之上，水不外溢，意得甚。

適為東廂之南人所見，遽來問訊。予頓憶師言，惶惶

不敢對，逸歸臥室。次日方丈來，與吾師竊竊私語，吾師初有難色，繼似首肯。方丈出，旋偕南人來，吾師對之，其謙抑逾平時，相將出門，久之始歸。吾師有得意之色，南人即整裝去矣。又曰：「吾師有一女，年十七八，聰慧絕倫。師甚鍾愛之，忽急病而死。時吾師他往，聞訊馳回，已蓋棺矣。不覺踴躍痛哭，忽騰起七八尺之高，如懸之空際者，然旁觀者，咸舌撟而不能下，予亦親見之也。此無他，蓋吾師本有飛騰功夫，今痛極踴躍，遽於不知不覺間流露其絕技也。」

楊氏昆仲，雖以精拳術聞於世，然深沉不露，尤善養氣，絕無爭雄競長之心。平居謙抑異常，不知者以為無能之輩，大智若愚。大勇若怯，誠哉不可以貌衡人也。

某年有一南人來訪，時班侯年屆六旬。南人極致傾慕之意，謂曰：「聞君太極拳沾勁，如膠如漆，有使人不能脫離之妙，願承明教。」班侯曰：「鄙人以先人所習，僅粗知此中門徑，何曾有此功夫？」堅持不允。

南人再三請，乃曰：「諒君必精於此，如老朽何足以相頡頏？無已，請示試之之法，不知能勉力追隨否？」南人曰：「試用磚數十塊，每塊距離二尺餘，勻列院中，如太極式。吾在前，君在後，以右手沾吾之背於磚上，作磨旋行。足不許落地，手不許離背，足落地，手離背者為負。」班侯曰：「磨旋行則頭腦易昏，恐非老朽所能，然即承教，敢不唯命。」

即於院中如法佈置畢，南人先上，緩步徐行，班侯斂氣凝神，亦步亦趨，不離南人之背。

繞行數匝，南人身輕如燕，漸走漸速，迅如飛輪。班侯亦運其飛騰之術，追風逐點而行，依然不離分寸。南人無法擺脫，忽飛身一躍，躍上屋面，回顧院中，不見班侯蹤跡，深為駭異，而不知班侯仍在其後，撫其背曰：「君惡作劇，累煞老朽，且下一息何如？」南人不禁愕然，乃大拜服，訂交而去。

健侯為神武營教練時，年已七十餘矣。一日自外歸，有莽漢持棍，出其不意自後擊來。健侯忽轉身以手接棍，略送之，莽漢已跌出尋丈。健侯能停燕子於手掌心，燕子不能飛去，蓋能聽其兩爪之勁，隨之下鬆。燕子兩足不得力、不得勢，而不能飛也。

露禪之弟子王蘭亭，功夫極深，惜其早死。有李賓甫者，聞係從蘭亭學，藝亦甚高。訪之者極眾，而未嘗負於人。一日有少年來訪，口操南音，手離几椅數寸許，揚起手，几椅隨其騰起，懸於空中，賓甫見之駭然。少年欲與比試，賓甫遜謝不獲，少年遽進，時賓甫左手抱一小狗，僅右手與之招架。數轉之後少年已跌於地，乃痛哭而去。

有習頂功者欲與賓甫角，賓甫謝之不肯。賓甫以手按其腹，未一月即死於逆旅之中。

余從澄甫先生學習數年。澄甫先生曰：「世間練太極拳者已不在少數，宜知分別純雜，以其味不同也。純粹太極其臂如棉裏鐵，柔軟沉重，推手之時可以分辨（太極有兩人推手之功夫）。其拿人之時，手極輕而人不能過；其放人之時，如托彈丸，迅疾乾脆毫不費力。被跌出者但覺一動，而並不覺痛，已跌丈餘外矣。其沾人之時，並不抓

擒，輕輕黏住即如膠而不能脫，使人兩臂酸麻不可耐，此乃真太極也。若以大力按人、推人，雖亦可以制人，將人打出，然自己終未免吃力，受者亦覺得甚痛，雖打出亦不能乾脆。反之，吾欲以力擒制太極拳能手，則如撲風捉影，處處落空。又如水上踩葫蘆，終不得力，此乃真太極意也。」

其言之精如此，余試之誠然，不能不令人佩服矣。

☯ 先王父廉泉府君行略

—— 武萊緒

先王父諱河清，姓武氏，字禹襄，號廉泉，永年人，性孝友，尚俠義，廩貢生，候選訓導，兄弟三人。長澄清，咸豐壬子進士，河南舞陽縣知縣；次汝清，道光庚子進士，刑部員外郎，瞻材亮跡，並聲於時；先王父其季也。

先王父博覽書史，有文炳然，晃晃埒伯仲；而獨擯絕於有司，未能以科名顯。然以才幹志行，為當道所器重。咸豐間，呂文節公賢基，肅書幣邀贊戎機，以母老辭；尚書毛公昶熙、巡府鄭公元善，又皆禮辟不就。惟日以上事慈闈，下課子孫，究心太極拳術為事。

初道光間，河南溫縣陳家溝陳姓，有精斯術者，急欲往學，惟時設帳京師，往返不便，使里人楊福先往學焉。嗣先王父因事赴豫，便道過陳家溝，又訪趙堡鎮陳清萍。

清萍亦精是術者，研究月餘，奧妙盡得。返里後，精益求精，遂神乎其技矣！嘗持一桿舞之，多人圍繞以水潑之，而身無濕跡。

太極拳自武當張三豐後，雖善者代不乏人，然除山右王宗岳著有論說外，其餘率皆口傳，鮮有著作。先王父著有《太極拳解》《十三總勢說略》；復本心得，闡出《四字訣》；使其中奧妙，不難推求，誠是技之聖者也！

有子五人：用康，郡庠生，候選府經歷；用懌，同治壬戌舉人；用咸，縣學生，候選鴻臚寺序班；用昭，縣學生；用極，國學生；孫十五人。次孫延緒，光緒壬辰翰林，出宰湖北，多攻文學，未深習是術。得其術者，惟李王姑之子經綸、承綸兄弟也。

孫 萊緒謹述

☯ 李公兄弟家傳

——武延緒

李公亦畬者，直之永年人也；諱經綸，亦畬其字。考貽齋先生，諱世馨，廩貢生，候選訓導。同治元年舉孝廉方正，不仕；卒於里第。妣武儒人，為予王姑。生子四：公居長；次二承綸，光緒乙亥舉人；次三曾綸；次四兆綸。均有聲癢序。次四公前卒。

友白先生，公世父也。無子，以公為嗣。公事世父母，生意承志，一如事其所生父母者。而於所生父母之晨

昏安膳，又必省必定，必問必視，未嘗一委諸群季。以故
兩家之父母，一幾不知子之非己出，一併忘其子之為人後
也。

　　公承歡之暇，尤嗜讀書，文學晐備，名噪一時。弱冠
補博士弟子員。應京兆試，一薦不售，遂絕意進取，閉戶
課子侄讀，約束綦嚴，非有故不得踰閾。

　　嘗述其教弟子之旨於先王父禹襄公曰：

　　「孔子曰『惟上知與下愚不移』。孟子曰『自暴者，
不可與有言也。自棄者，不可與有為也』。竊惟孔子之
意，二者之質不數覯，大抵皆中人可與入道，顧視力行何
如耳！觀今世之人，童蒙入塾，垂老無成，其自暴棄，誠
有如孔子所云，抑亦為之父兄者，中也棄不中，才也棄不
才之過也，不則誨之而倦，一曝而十寒也。譬之治田，糞
種弗勤，灌溉弗力，耕耨弗深，至苗不實，曰，是苗之
咎，吾見老農過而笑之。孟子不云乎『五穀者，種之美者
也，苟為不熟，不如荑稗』。荀子曰『躓步不休，跛鱉千
里；累土不輟，邱山崇成』。楊子曰『有刀者礛諸，有玉
者錯諸，不礛不錯焉攸用』。韓子曰『業精於勤，荒於
嬉』。之數子者，皆先師大儒，予不敏，竊佩其言，故予
課兒輩，一以勤且熟為本。」

　　時先王父亦以詩禮訓不肖兄弟，聞之深韙其說。

　　王父府君，公所從學拳法者也。先是河南陳某，善是
術，得宋張三豐之傳。先王父好之，習焉而精；顧未嘗輕
以授人，恐不善用滋之弊也。惟公來，則有無弗傳，傳無
弗盡；口詔之，頤指之，身形容之，手足提引之，神授而

氣予之。公亦步亦步，趨亦趨，以目聽，以心撫，以力追，以意會。凡或向或背，或進或退，或伸或縮，或縈或拂，無不窮極幼眇，而受命也如響。倘所謂用志不分，乃疑於神者邪？

已而，鄭中丞元善，督師河南，聞公名，延請入幕。公參贊軍務，咸中機要。中丞上吏功於朝，公名列焉，得旨以巡檢用矣。

公澹泊無仕宦情，閉關歸去。歸里後，益不自暇逸，遇有義舉，任之罔有縮朒，故當事咸敬愛公，服公有卓識，數以事問策於公。公必統籌全局，謂若何而利，若何而弊，盡達其胸臆所欲語，以期有裨於鄉閭而止。如障滏河，修道路，撲蝗蝻，皆公身親之，嘖嘖在人口，茲不縷述。述其有功德於民之遠且大者，莫如種牛痘一事，蓋省三公尤善其術云。

省三公，貽齋先生之弟三子，諱曾倫者也。生而沈敏，有志略，家故貧，鬻鬻幾不繼，公憂甚。補諸生後，即從事會稽，得計然術，深明而篤行之，嘗先雞鳴而興，後斗轉而寢，督率曹偶，盡有訾程，事律絲是滋蕃衍，家賴以康。自奉極約，衣不帛，食不兼味，至遇人有緩急，則賙䘏無所吝。

若夙負而償之者，蓋深鑒於古昔專利之子，違天理，竭地力，壞人心，僭越禮法，以自放其亡等之慾，致亡家敗產相隨屬，而慨然獨有意乎范蠡之為人也。

光緒四年，歲大飢，糧價倍平昔五六。邑之匱乏家，或昨生而今死，或朝存而暮亡，婦哭孺號，接於道路；又

其甚者，貧兒攫食市上，手屏之即顛；餓夫行乞途中肩摩之，立仆；傷心慘目，不可勝言。

嗣復癘氣中人，瘟疫大作，醫室少生塵之藥，匠肆無待價之棺，公愴然動懷，竭己利物。戚族里中或饔殯不給，必計口授之粟，人死而不能葬，又出資施之。一時芘其所藉者，未可更僕終，公殊弗自德也。

嘗語於家曰：「人各有能，有不能，擇一事而行之足矣。故夫敦鄉誼，急公務，以與士大夫相接，此伯兄之事，非吾事也。若夫興產立業，瞻宗恤族，則吾自能之，吾事也。至力不足博施，財不堪濟眾，而以一藝一術之惠，利生民於無窮，尤吾與伯兄共事之者也。」

公意蓋謂牛痘事，初邑之未得種痘術也，小兒患痘疹，死者亡算。外方人擅是術，公出重資致之；昕夕講求，家兄亦畲公，盡得其傳。

公施種在家，亦畲公時遊種於外，後來者日眾，公不暇給，亦畲公亦歸，手以佐公。每及期，公喚名次第入，亦畲公視漿，公點苗；或亦畲公點苗，公屬還漿期。亦畲公固樂善，來即不拒；公且備茶湯，恣人飲啜。或饋之金帛，公峻辭之，亦畲公亦笑卻之。及以瓜李來，又勿重忍拂焉，頷受而已。

公精烹飪，必躬具雞黍餉容。亦畲公尤善酒，兼出拇戰賭飲，公則代以茶，談笑佐之；竢客醉飽，始令歸。亦畲公嗜飲，顧不以酩酊廢事，公無嗜好，事之益勤，亦畲公偶它出，公率兒輩逮其事。公或憂采薪，必召兒輩襄亦畲公；蓋公家後進，見之習，聞之稔，又學焉不罷勸，故

為之軭當。

　　長太守啟，素重公，兄弟聞之曰：嘻善哉，所好者，道也，進乎技矣。遂捐廉立局，延公兄弟任其事；先後二十餘年間，全活嬰兒以萬計，人不忘公兄弟擇術之仁，而尤樂道太守之得人而任也。

　　壬辰秋，母儒人有疾弗豫。公兄弟侍奉湯藥，恆通昔不寐。儒人考終，均哀毀逾禮，時八月二十九日也。至十一月八日，亦畬公繼卒。十二月十九日，省三公又卒。亦畬公春秋六十有一。省三公五十三。亦畬公子二：寶廉、寶讓。省三公子三：寶極、寶相、寶三。寶極，廩膳生。

　　武延緒曰：烏呼，自予王姑之殂也，予祖之兄弟，蓋無復存焉者矣！向以見王姑者，見予祖，今並王姑不可見矣！抑猶有幸焉，予父兄弟行，各健在無恙也，各能撫柩哭，為予王姑服也。未幾，而表世父亦畬公卒；未幾，而表叔父省三公又卒；未幾，而予又有季父之喪，年不逮積公家罹凶者三，予身痛哭者四，未嘗不哭王姑者哭予祖，又未嘗不以哭諸父者哭予父也。

　　顧吾以為人苟不足輕重，死則死耳，而如公兄弟及予季父，皆所謂吾鄉不可少之人，既不能得一當以大有為於時，又不幸而不永年於世，微獨予兩家之戚，抑亦吾鄉之不造以至斯也。

　　彼蒼者天，殲我良人，胡至此極邪？抑又聞之，哀毀過情，致足殞生，似仁人孝子之死亡，天容不職其咎，然以謂公兄弟則有之，而如予季父者，當喪予王父時，其哀毀未有以異予二公之為也，而顧未嘗死，直至今而卒然以

死，其謂之何哉?其謂之何哉，烏呼!

賜進士出身翰林院庶吉士里人武延緒撰并書

　　註：武延緒（1857──1917），字次彭，號亦暖，武禹襄之孫。父用懌，字悅民，同治壬戌舉人，早卒。延緒光緒壬辰科進士，授翰林院庶吉士。三年散館，授湖北京山縣知縣，有政聲。宣統元年署歸州知州。辛亥鼎革，歸里侍母，精書法，擅考據，著《所好齋札記》及《所好齋集》。亦習太極拳，但未精研。

後　記

歷時三年，此套太極拳經、論、解叢書終至匯集成冊，蔚然可觀，作為一個太極拳的傳承者和習練者，想到能為太極拳的發展做出自己力所能及的微薄貢獻，心中甚感欣慰。

中華武術，博大精深，門派林立，各有千秋，武林中人對本門功法大多皆諱莫若深，秘而不宣，但隨著時代的進步，資訊的發達，人們的保守意識也已逐步放開，很多以前只在門內秘傳的拳論，如今則大多得以公開流傳於世，此乃思想進步之徵也，更是太極拳發展之大幸也。

傳統文化的傳承最貴得真，最宜廣傳，而一門武學精髓的體現主要就是其核心指導思想，用現代的話來說，也就是武學的 DNA，這也是作為一門武學的最核心特質，而保持 DNA 的純正，須具備正知、正見、正信，也只有在這個大前提下所產生的理論方可稱其為正論，也就是所謂的拳論。

拳論，是一個拳種的理論指導核心，因其立意於實用，立言於心得，是以皆言簡意賅，不尚浮誇；其內容則微言大義，無一浮詞，皆自身體力行中感悟而來，其對後學之指導作用則更非淺鮮，頗類禪宗之當頭棒喝，具有明心見性之功效，所謂得其一而萬事畢也。精研拳論，身體力行，日久功深，則頓悟全旨，而收事半功倍之效，自不易誤入旁徑，此即謂得其真傳正法也。

　　太極拳作為一門特別注重理論參究的拳種，其理法基礎根植於我國傳統文化的沃土，契合傳統文化中的天人合一、陰陽、五行思想，特別和道家思想有著很深的淵源，其內涵豐富、深遠，涉及到傳統哲學、心理學、生理學、力學、醫學、運動生理學等等學科。

　　由於其理法過於細膩精微，學人初次接觸多有高山仰止之感，所以一直以來太極拳都是非常難學的一個拳種，既需要明師指點妙竅，同時還須具有極高的悟性，再加以勤學善思，潛心揣摩，朝夕悟於心，體於身，行持無間，方可克臻大成，殊為不易。

　　而筆者則認為，其難學之處，主要在於觀念，而非拳術本身。蓋因其拳理多與人慣有之思維和行為相左，如「捨己從人」，「以弱勝強」「無中生有」「無為而為」「隨人不隨己」「柔軟勝堅剛」等理論，初看多覺矛盾重重，不知所云，對於人們已建立的知識參照系來說，是一個全新的理念和體驗，所以很難讓學人一學即曉，當下即悟。

　　此外，太極拳作為中華文化之瑰寶，其理法完全體現出了中華文化之內涵，其與道家文化水乳交融，與《道德經》以及一些佛家經典亦多有相契，因此對於學人的傳統文化修養要求較高，此亦其難學之處也。

　　所以對於廣大學習太極拳的學者來說，要想體悟太極拳之真意，必須要特別重視理論之參究，習拳即是悟道的過程，思想的超脫和轉換非常重要，只有悟道與學拳並舉，方可事半而功倍。所以在習練太極拳時，自身觀念的轉變，以及對自我的揚棄，自我認識的再造和昇華，身、

心、靈的蛻變和轉換，精、氣、神的凝聚和收放，內心的歷練和成熟，均是每日修練之功，可以說習練太極拳就是一種自我身心的再造工程，而太極拳之所以為世人所喜愛，其魅力，即在於斯；既如此，其歷代先賢用心血經驗凝練之精論，豈可忽哉？豈可不參哉？

縱觀我們身邊的太極拳練習者，很多人都是捧著似是而非的理論，或是混合著外家拳的觀念來習練內家拳，看著外形雖然是太極，而其路數則完全與太極毫無關涉；我們再看看各類太極拳的交流活動中，很多習練者所謂的推手，簡直是摔跤不像摔跤，柔道不像柔道，一個個如頂牛式的對抗拉扯，哪裏還能看到一點點太極拳應有的「沾、黏、連、隨」，「引勁落空」，「四兩拔千斤」這些獨有的特質；所看到的都是「頂、匾、丟、抗」，「斷、接、俯、仰」，舉動間更是毫無太極之拳意，一門技藝，若其理法不正，則失之真傳亦已遠矣；

筆者目鑒於此，實感憂慮，若長此下去，太極拳這一門精妙的武技也必將會隨著時間的推移而名存實亡。誠然，造成這些情況的原因固然很多，但我想其主要還是因為隨著社會經濟的高度發展，人們生活節奏的加快，人心亦大多趨於浮躁，很少有人能夠沉下心來、平心靜氣的去參究拳論，故不能領受祖師之教義，而迷失本真，失其根本而流於枝葉，以致於造成如今太極拳發展之種種現象；正所謂「操練不按體中用，修到終期藝難精」，「武藝雖精竅不真，費盡心機枉勞神」，內家拳首重理法，理法不明，則練拳必然走偏，所謂差之雖毫釐，謬之已千里萬里

矣。

所以，此套歷代太極拳經、論、解叢書的出版，可以在很大程度上使這些問題得到有效的解決。讀者只要悉心研究先賢之精論，悟於心，體於身，則如有祖師親授而收事半功倍之效，從而能夠更好的領會到太極拳之真傳妙締，扶危救偏，樹立正信、正知、正見。

我們有理由相信，此套太極拳經論解叢書的出版，對於太極拳的傳承和發展都將會起到積極的促進作用，而太極拳這一凝聚著歷代宗師智慧和心血的優秀的拳種，也必將會隨著人們對先賢拳論、拳經的重視和研究而重放異彩，繼而發揚光大，使太極拳這一精微妙技，在新的歷史時期，煥發出勃勃的生機，從而更好的為習練者的健康服務，造福於全人類，光耀於全世界。

歡迎至本公司購買書籍

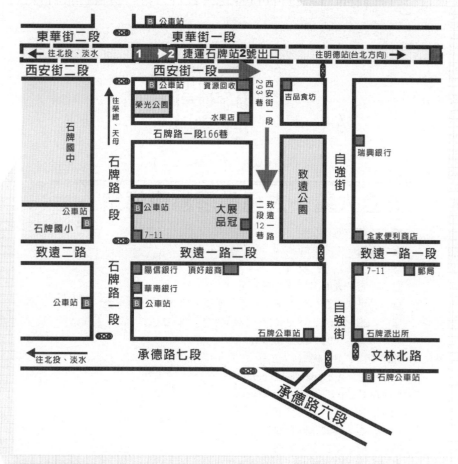

建議路線

1. 搭乘捷運‧公車

　　淡水線石牌站下車，由石牌捷運站２號出口出站(出站後靠右邊)，沿著捷運高架往台北方向走(往明德站方向)，其街名為西安街，約走100公尺(勿超過紅綠燈)，由西安街一段293巷進來(巷口有一公車站牌，站名為自強街口)，本公司位於致遠公園對面。搭公車者請於石牌站(石牌派出所)下車，走進自強街，遇致遠路口左轉，右手邊第一條巷子即為本社位置。

2. 自行開車或騎車

　　由承德路接石牌路，看到陽信銀行右轉，此條即為致遠一路二段，在遇到自強街(紅綠燈)前的巷子(致遠公園)左轉，即可看到本公司招牌。

國家圖書館出版品預行編目資料

微言大義—太極拳解秘譜匯宗 / 何欣委編著.
——初版，——臺北市，大展，2016 [民 105.01]
面；21公分—（武學釋典；23）
ISBN　978-986-346-100-5（平裝）
1.太極拳
528.972　　　　　　　　　　　　　　104024392

微言大義—太極拳解秘譜匯宗

編　　著/何欣委
責任編輯/朱曉峰
發 行 人/蔡森明
出 版 者/大展出版社有限公司
社　　址/臺北市北投區（石牌）致遠一路 2 段 12 巷 1 號
電　　話/（02）28236031，28236033，28233123
傳　　真/（02）28272069
郵政劃撥/01669551
網　　址/www.dah-jaan.com.tw
E-mail/service@dah-jann.com.tw
登 記 證/局版臺業字第 2171 號
承 印 者/傳興印刷有限公司
裝　　訂/眾友企業公司
排 版 者/菩薩蠻數位文化有限公司
授 權 者/北京人民體育出版社
初版 1 刷/2016 年（民 105 年）1 月
定價/350元

大展好書　好書大展
品嘗好書　冠群可期

大展好書　好書大展

品嘗好書・　冠群可期